Le rôle des agents de base sur le développement en Afrique

Cas du Mali

Adama Fankélé Traoré

Le rôle des agents de base sur le développement en Afrique

Cas du Mali

L'Harmattan

5-7, rue de l'Ecole-Polytechnique, 75005 Paris

http://www.harmattan.fr
diffusion.harmattan@wanadoo.fr

ISBN : 978-2-343-04175-9
EAN : 9782343041759

Avant-propos

En Afrique beaucoup de projets ou programmes de développement sont mis en œuvre à travers des mobilisations importantes de ressources humaines, financières et matérielles. Cependant les résultats escomptés ne sont pas souvent atteints. Beaucoup de projets ou programmes naissent et meurent en laissant peu d'impacts positifs sur les zones et les populations ciblées. Quels facteurs sont à la base de ces mauvais résultats ? Il y en a plusieurs. L'auteur du livre ayant travaillé pendant deux décennies comme agent de développement de base au Mali, il a vécu des faits, acquis des expériences qui l'ont incité à faire des réflexions, des analyses qui lui ont permis d'avoir une vision sur le rôle des agents de base dans la mise en œuvre des actions de développement ainsi que d'autres facteurs qui sont à la base de leur réussite ou leur échec, une vision personnelle qu'il voudrait partager à travers le présent ouvrage.

I : « la partie cachée de l'iceberg » : les agents de développement à la base

Dans le cadre des études socio-économiques, de la préparation, de la mise en œuvre et de l'évaluation des projets de développement, des agents de « terrain » ou de base (agents qui sont en contact direct avec les populations bénéficiaires des projets de développement), sont utilisés. Ces agents sont le plus souvent des individus n'ayant pas fait d'études poussées, ne détenant pas de gros diplômes ou de jeunes diplômés universitaires qui sont le plus souvent à leurs premières expériences de travail. Ce sont donc des « quidams » constituant « la partie cachée de l'iceberg » sur lesquels s'appuient les hauts cadres expérimentés (consultants, responsables chargés de la gestion des projets).

La qualité du travail des agents de base et leur comportement ont des répercussions directes sur les résultats des études
socio-économiques, ainsi que ceux des projets de développement.

1-1 Quelques exemples d'influence négative du travail des agents de base sur les résultats attendus

1-1-1 Collecte d'information

- **Cas des recensements démographiques**

Au cours des recensements démographiques généraux des populations, des agents recenseurs sont déployés sur toute l'étendue du territoire. Ces agents sont le plus souvent des jeunes diplômés ou non, en quête d'emploi, qui sont formés sur le tas. Beaucoup d'entre eux n'ont jamais travaillé, il y a parmi eux de jeunes citadins qui n'avaient jamais longtemps séjourné en milieu rural. Certains agents recenseurs manquant de courage ne se déplacent pas pour aller recenser toutes les personnes vivant dans leurs zones de recensement, ainsi une partie de la population n'est pas prise en compte dans les données statistiques fournies. Il arrive à des agents de s'asseoir à leurs lieux d'hébergement pour remplir les fiches en répondant aux questions à la place des personnes à interviewer.

- **Cas d'agents enquêteurs**

Pour bien mener les projets de développement il faut au moins trois grandes études d'évaluation : l'évaluation de base qui permet de faire l'état des lieux avant le démarrage du projet, l'évaluation à mi-parcours et l'évaluation finale. Des enquêteurs sont le plus souvent engagés dans la collecte des données auprès des groupes cibles. Si les enquêteurs ne font pas ce travail correctement, tout comme le cas des agents recenseurs, les évaluateurs des études et les commanditeurs se retrouveront avec des résultats biaisés.

✓ *Premier exemple*

Dans le cadre des études de base d'un projet de développement villageois financé par une institution internationale, un agent enquêteur (reconnu comme un paresseux mais recruté grâce à l'influence d'une parente responsable), à qui une zone d'enquête en milieu rural avait été attribuée, avait parmi ses tâches la mesure de champs d'un échantillon d'unités de production agricole (ménages). Après le travail effectué par l'enquêteur les données ont été transportées dans la capitale pour leur exploitation. En procédant à une première vérification des fiches d'enquête, le chargé de suivi-évaluation s'est rendu compte que la surface totale mesurée d'une unité de production ayant assez d'équipements agricoles (charrue, multiculteur, 2 paires de bœufs de labour) et une main-d'œuvre considérable, atteignait à peine 0,5 hectare, cela l'a fait tiquer. Un autre enquêteur a été immédiatement mobilisé pour aller faire des investigations auprès de l'unité de production en question, il s'est trouvé que le premier enquêteur s'est contenté de mesurer les champs de case (non loin des concessions) qui ne constituaient qu'une portion presque insignifiante des surfaces cultivées qui faisaient plus de 10 hectares dont la majorité se trouvait en brousse, à 5 kilomètres du village (le premier enquêteur ne s'est pas donné la peine d'y aller).

✓ *Deuxième exemple*

Toujours dans le cadre du suivi-évaluation du projet de développement cité plus haut, un autre enquêteur chargé de noter les opérations culturales agricoles (préparation des champs, fumure, labour, semis, sarclage, buttage, récolte/battage, etc.) utilisées par un échantillon d'unités de production agricole, au lieu de se déplacer quotidiennement pour aller collecter les informations auprès des chefs d'unités de production agricole, se permettait de s'asseoir dans son lieu d'hébergement pour remplir les fiches. Ainsi sur tous les champs qu'il a recensés sur papier étaient effectuées toutes les opérations culturales agricoles connues. Même sur les champs de fonio était pratiqué le buttage. Toute personne ayant une petite notion sur les techniques culturales sait qu'on ne peut pas pratiquer le buttage (surtout avec la charrue) sur les plantes herbacées telles que le fonio. La paresse et l'ignorance de l'enquêteur en agriculture lui ont été fatales.

1-1-2 Des insuffisances dans l'encadrement de base

Dans le cadre de l'exécution des activités de mise en œuvre des projets, des agents d'encadrement (moniteurs, vulgarisateurs, etc.) ou des animateurs ou mobilisateurs communautaires, sont en contact direct avec les communautés, les groupes cibles des projets. S'il leur manque du courage, de la persévérance, du savoir, du savoir être et du savoir-faire, les objectifs des projets sont difficilement atteints.

- *Problème autour de la construction d'un centre d'alphabétisation*

Un village « mère » (quartier principal) et ses hameaux ont adhéré à un projet de développement villageois. Dans le cadre des activités du projet un centre d'alphabétisation des adultes a été construit dans le village « mère » avec la contribution financière des hameaux. Les séances d'alphabétisation étant nocturnes, les auditeurs potentiels des hameaux avaient de la peine à se déplacer la nuit pour venir les suivre, seuls ceux du village « mère » ont fréquenté un moment le centre, mais ils n'ont pas été persévérants, le centre a fini par être fermé. Il s'est trouvé que le hameau le plus important, situé à trois kilomètres du village « mère », avait commencé à avoir un essor démographique et économique qui avait créé une certaine jalousie chez certains habitants du village « mère ». Ce hameau a décidé d'ouvrir son propre centre d'alphabétisation en son sein, pour ce faire, une demande a été introduite au niveau du secteur (structure chargée de gérer le projet au niveau local). Certains jeunes du village « mère » ayant appris cela l'ont pris pour un affront, ils ont pensé qu'avec ce centre les habitants du hameau voulaient engager une rivalité directe avec ceux du village « mère », ils ont donc décidé d'empêcher la réalisation du projet en question, en allant évoquer au niveau du secteur, le risque d'un grand conflit draconien (avec perte en vie humaine), si ce centre était ouvert. Le chef secteur et certains de ses agents de base (vulgarisateur agricole, superviseur de centres d'alphabétisation, agent de gestion) ont paniqué, sans chercher à comprendre le problème et ont bloqué la demande qui devait aller à la direction du projet. L'agent d'enquête du projet qui était basé dans la zone, ayant appris la nouvelle, en a informé le chef de volet suivi-évaluation, qui à son tour a donné l'information à la direction du projet. Une mission a été organisée dare-dare pour venir gérer le problème. Quand cette mission est arrivée au village, elle s'est rendue compte que le conseil de village et le comité de gestion villageois du projet ne sont pas du tout opposés à ce projet d'ouverture de centre d'alphabétisation dans le hameau, sur le champ, ils ont donné leur accord pour le déblocage des fonds communs nécessaires à la réalisation du centre. Le centre a effectivement vu le jour et a bien fonctionné sans le moindre conflit entre la population du village « mère » et celle du hameau. N'eût été la vigilance de l'agent enquêteur une partie de la population allait être privée d'un moyen de développement important. Les autres agents de base n'ont pas eu assez de perspicacité pour comprendre que dans cette zone habitée essentiellement par des agriculteurs « bambaras », seuls les champs de culture et les femmes pouvaient être à l'origine de conflits graves souvent ensanglantés.

➢ *Fermeture d'une boutique villageoise*

Dans un village du même projet il y a eu la mise en place d'une boutique villageoise grâce aux ristournes de commercialisation avec l'appui du projet. La boutique a bien marché au départ, mais au fil du temps un contrôle suscité par la direction du projet a révélé que les trois vendeurs villageois de la boutique avaient détourné une bonne partie des fonds. Les trois vendeurs sommés de la restituer se sont exécutés dans un délai donné. Le fonds récupéré a été remis au trésorier du comité de gestion villageois du projet en attendant le choix de nouveaux vendeurs. Quelques mois après, suite à des entretiens avec les responsables villageois il a été jugé que le fils du chef de village avait les qualités et les compétences requises pour gérer tout seul la boutique, il lui a donc été confié cette tâche. Quand il avait voulu amorcer le travail, le fonds récupéré devait lui être remis, malheureusement, il s'est trouvé que le trésorier à son tour l'avait utilisé à des fins personnelles. Ce monsieur étant issu de la famille la plus « puissante » (vu le nombre de ses membres), personne au village ne pouvait en parler. Les agents d'encadrement au niveau du secteur, ne se sont pas eux non plus investis beaucoup en vue d'une décantation de la situation. L'agent enquêteur travaillant dans le village ayant mal supporté cette injustice a rapporté le fait à la direction du projet (en suggérant l'implication de l'administration publique locale pour la récupération du fonds), qui à son tour a recommandé au chef secteur de saisir le sous préfet, qui a sommé le trésorier à restituer le montant, ainsi la boutique a pu redémarrer. Si les agents au niveau du secteur avaient eu le même niveau d'analyse et d'engagement que l'enquêteur, l'implication de la direction du projet n'allait pas être nécessaire dans cette affaire.

- *Echec d'un village pilote du projet de développement villageois*

Un village bien connu à travers le courage, la motivation de ses habitants ayant adhéré au projet s'était approprié ses objectifs. Ainsi le village avait fait des avancées remarquables dans tous les volets pris en compte dans la mise en œuvre du projet : vulgarisation agricole (adoption de nouvelles cultures et de techniques agricoles), santé humaine, santé animale, commercialisation, réalisation de banque céréalière, réhabilitation de pistes rurales, alphabétisation, etc. L'une des qualités du village était la force, la cohésion au sein de l'association des jeunes du village. Toute la jeunesse était mobilisée comme un seul homme autour de la commercialisation/stockage collective des céréales (à partir d'un crédit contracté à la banque avec l' appui du projet, les jeunes du village faisaient l'achat du mil/sorgho, au moment des récoltes, où les prix sont bas, dans le village et dans des marchés des localités proches, le stock était gardé quelques mois et revendu à l'office des produits agricoles ou à des commerçants, à des prix rémunérateurs). Des jeunes du village, tout en manipulant l'argent collectif se gardaient de l'utiliser à des fins personnelles, ils pouvaient passer de longues heures à faire des achats dans les marchés hebdomadaires, le ventre vide en se contentant de leur « to », repas traditionnel quotidien, peu appétissant, résistant contre l'envie des plats exceptionnels attirant proposés dans les foires hebdomadaires (plats de riz, de macaroni, de viande, de poisson, etc.). De même ils s'adonnaient sans réserve à la culture de champs collectifs dont la récolte servait de banque de céréales (un stock collectif de céréales gardé au village, distribué entre les familles nécessiteuses en cas de pénurie alimentaire, qui restituent les quantités reçues plus quelques kilos de plus, quand la prochaine récolte est bonne, le stock est ainsi reconstitué et non utilisé jusqu'à une autre période difficile). Deux jeunes déscolarisés du village servaient d'hygiénistes/secouristes en santé humaine et animale et d'animateurs en alphabétisation. Ils s'adonnaient correctement à leur travail sans bénéficier de motivation (monétaire ou matérielle). Le village n'ayant pas d'école, la population était analphabète à près de 100%. Les deux hygiénistes/secouristes étaient les seuls anciens élèves ayant atteint le niveau 7e (sept ans de scolarité au premier cycle de l'enseignement fondamental). L'ouverture d'un centre d'alphabétisation des adultes par le projet a été très bien accueillie par la communauté. En plus des adultes, les jeunes filles et garçons avaient une réelle volonté d'apprendre de jour comme de nuit, on les voyait avec des livrets d'alphabétisation, même dans les champs de labour ou dans les pâturages où ils conduisent le bétail, dès qu'ils avaient un petit instant de repos, ils en profitaient pour réviser leurs cours d'alphabétisation. Bref le village s'était vraiment engagé dans une véritable voie de développement holistique. La direction du projet en était consciente, ce qui faisait qu'elle considérait le village comme un cas de succès. La réussite du village n'a pas fait long feu à cause de certains facteurs, nous en citons ici quelques uns :

-la commercialisation des céréales a procuré au village des sommes « colossales », à travers les ristournes, aucune autre activité collective n'avait auparavant permis d'engendrer un tel montant. La direction du projet a imposé le dépôt de la totalité du montant en compte d'épargne à la banque, dans la capitale régionale assez loin du village (pour en assurer la sécurité et la fructification dans l'avenir). Bien que l'argent a été placé dans un compte ouvert par des membres du comité de gestion villageois du projet avec un carnet d'épargne contenant leurs photos, empruntes et adresses, au nom de la communauté, la somme n'étant pas directement à leur portée, les villageois se demandaient si réellement c'était leur propriété. Le comité de gestion villageois du projet en concertation avec le conseil de village a fait une demande de retrait de fonds pour l'achat d'un bœuf pour le sacrifice annuel que le village avait coutume d'organiser, cette demande ayant été jugée non conforme avec l'objectif de développement par la direction du projet, a été rejetée, cela a été une preuve dans la tête des villageois que le fonds ne leur appartient pas. Une autre préoccupation pour eux était l'organisation de fêtes collectives dans le village. Traditionnellement après les travaux effectués par l'association des jeunes du village, ayant généré des ressources financières, des manifestations culturelles sont organisées. Mais dans le cas présent cela non plus n'a pas été possible. La frustration avait donc gagné le cœur des villageois, jeunes et vieux.

-les deux jeunes déscolarisés du village qui étaient à la fois hygiénistes/secouristes et animateurs d'alphabétisation, devaient rester au village, pendant la saison sèche (près de six mois) et souvent pendant l'hivernage, à travailler bénévolement pour l'intérêt collectif, ils ont fini par prendre en compte le fait que la plupart des jeunes du village faisant l'exode saisonnier, retournent des villes où ils ont séjourné avec des biens matériels et financiers, dont eux ils ne bénéficient pas en restant sur place au village, ils ont décidé de prendre le chemin de l'exode comme leurs pairs en abandonnant le rôle important qu'ils jouaient dans l'épanouissement du village.

-le comportement de certains agents d'encadrement : leur manière de s'adresser aux villageois, leur impatience face à la lenteur des villageois par rapport à la réception des messages, à leur feed-back, au changement de comportement attendu. Ils ne prenaient pas en compte qu'ils avaient affaire à des analphabètes. Des villageois ont eu à faire la confidence suivante : « Au départ du projet quand Monsieur X, agent du projet venait nous voir, il nous abordait de façon joviale, prenait son temps pour bien nous expliquer les choses, ne s'énervait jamais. Mais quand lui il est parti ailleurs, Monsieur Y est venu, lui il nous parlait avec force, il nous adressait des paroles peu amènes, même quand il disait du bien on avait l'impression qu'il avait envie de nous poignarder ».

Plus tard la direction du projet a compris qu'il fallait changer de stratégie : « desserrer l'étau » sur le fonds du village déposé à la banque, c'est ainsi qu'une partie de ce fonds a été investie dans la mise en place d'une boutique villageoise, la constitution d'une boîte pharmaceutique collective, ainsi que dans la motivation des hygiénistes/secouristes, animateurs. Cela devait donner un nouveau tonus au village mais malheureusement, ça n'a pas été le cas parce que les agents d'encadrement de base ont manqué de savoir-faire adapté à cette communauté ayant de fortes potentialités pour pouvoir aller de l'avant mais qui souffrait beaucoup sous le faix de l'analphabétisme.

- *Message ambigu dans la vulgarisation de la culture du niébé (haricot)*

Le projet de développement villageois a vulgarisé la culture de nouvelles variétés de niébé précoces et à très fort rendement, par rapport aux variétés traditionnelles jadis cultivées dans la zone. Afin que tous les agriculteurs des villages de la zone ciblée puissent rentrer en possession des nouvelles semences, le projet a procédé à l'achat d'une bonne partie de la production issue des nouvelles variétés, pour la mettre à la disposition de tous les producteurs, après les deux premières années de sa vulgarisation. Ainsi le kilo de nouvelles variétés de niébé a été acheté a un prix tellement rémunérateur que la plupart des cultivateurs hésitaient rarement à s'engager dans leur culture. Les premiers qui s'y sont engagés ont eu l'opportunité de rembourser sans peine leurs crédits en équipements agricoles et en intrants contractés auprès de la banque (charrue, multiculteur, charrette, bœufs de labour, engrais, etc.) et de faire des économies. Dans un village du projet, un agent vulgarisateur chargé de relever les prévisions en terme de superficie à cultiver en nouvelles variétés de niébé au cours de la prochaine campagne agricole, surpris d'entendre un cultivateur dire qu'il ne comptait pas pratiquer cette culture à la période attendue, lui a posé cette question : « Si tu ne cultives pas de niébé comment vas-tu rembourser tes dettes ? ». Le cultivateur en question ayant réfléchi un instant et se disant certainement que c'est le projet qui va acheter le niébé produit, a répondu ainsi : « Note que je vais cultiver un demi hectare en niébé ».Tous les agents vulgarisateurs ont recueilli auprès des producteurs de leurs secteurs les superficies qu'ils comptaient cultiver en niébé. Ont-ils tous laissé entendre que c'est le projet qui se chargera de la commercialisation du niébé produit ? En tout cas au cours de la saison pluvieuse attendue, rares sont les cultivateurs de la zone du projet qui n'ont pas emblavé des superficies importantes en niébé, la récolte ayant été bonne, tous les villages de la zone se sont trouvés avec des quantités impressionnantes de niébé. Puisque tous les producteurs avaient désormais de la semence de niébé à leur disposition, il n'était plus question que le projet en achète, ainsi plusieurs tonnes de niébé non vendues sont restées entre les mains des producteurs, qui ont estimé que le projet les a trahis. La direction du projet s'est défendue en rappelant que le seul objectif du projet, en vulgarisant la culture du niébé était l'autosuffisance alimentaire des producteurs, sa commercialisation n'était donc pas une préoccupation pour elle (cependant face à la situation, et dans le souci de contribuer à l'accroissement des revenus monétaires des producteurs ciblés, la direction du projet a pris l'initiative de mobiliser des experts en économie et des représentants des organisations faîtières des agriculteurs, en vue de la recherche de débouchés pour l'écoulement de la production de niébé dans certaines régions du Mali et dans d'autres pays africains, malheureusement le résultat escompté n'a pas été atteint, les stocks de niébé non vendus sont restés dans les villages).

Cet évènement a été un facteur de perte de confiance entre le projet et les producteurs qui ont crié à la trahison, cela a eu des répercussions, non seulement sur la culture du niébé (elle a été presque abandonnée les années suivantes) mais aussi sur d'autres actions que le projet menait. Il n'y a réellement pas eu de trahison ou de changement d'objectif de la part de la direction du projet : l'année où le projet a démarré il y a eu une véritable crise alimentaire dans la zone due à la sécheresse, l'autosuffisance alimentaire était donc un besoin prioritaire, les nouvelles variétés de niébé vulgarisées avaient les atouts pour répondre à ce besoin (précocité, très bon rendement par rapport aux anciennes variétés). Le goulot d'étranglement est survenu dans la façon dont le message a été véhiculé par les agents vulgarisateurs. Certes en disant : « Si tu ne cultives pas de niébé comment vas-tu rembourser tes dettes ? », l'agent n'a pas explicitement déclaré que c'est le projet qui se chargera de l'achat de la future production mais puisqu'il a eu à le faire dans le passé, le cultivateur a-t-il tort de penser que cela va continuer ? Il n'est pas exclu que même les agents aient cette idée en tête, étant donné qu'ils ne maîtrisent pas souvent parfaitement les objectifs des projets. Si l'objectif du projet par rapport à la culture des nouvelles variétés de niébé, avait été clairement révélé ou rappelé au moment de la sensibilisation des producteurs, s'il leur avait été expliqué que le projet a acheté les premières quantités de niébé produites uniquement dans le but de mettre la semence à la disposition d' autres producteurs et que dans l'avenir cela ne va pas continuer, il n'allait pas avoir d'équivoque.

Cet exemple nous rappelle que la façon de passer les messages (sa clarté ou sa confusion) par les agents de base a une influence directe sur les actions de développement.

Exemple de mauvaise interprétation de message

Une équipe d'enquêteurs a été envoyée par un consultant chercheur dans une localité dans le but de faire une recherche sur l'implication des grands parents dans l'éducation préscolaire des enfants. Pour faciliter leur introduction le consultant a adressé une lettre au chef de village dans laquelle il a expliqué l'objet de la mission. A l'arrivée de l'équipe cette lettre a été remise au chef de village. Pour prendre connaissance de son contenu il a fait appeler un jeune diplômé de la localité (qui est supposé être compétent en la matière). Notre « Grand lettré », après avoir lu la lettre, s'est ainsi adressé au chef de village : « Ceux-ci sont venus pour la recherche de solution aux problèmes d'emploi des jeunes diplômés».

1-1-3 Cas de détournement de fonds par des agents

Dans un projet de développement villageois, les comités de développement villageois collectaient auprès des débiteurs le crédit agricole accordé par la banque aux agriculteurs, à rembourser par tranches, des agents d'encadrement étaient chargés de récupérer les montants collectés dans les villages en vue de les acheminer à la banque. Certains agents ont eu la malhonnêteté de détourner une partie de ce fonds. Ainsi les villageois étaient obligés de rembourser de nouveau les mêmes dettes. Cela a créé la méfiance des producteurs vis-à-vis du crédit agricole alors qu'ils en avaient réellement besoin.

En vue d'accroître les revenus des femmes, dans une localité, des groupements féminins ont reçu des fonds investis dans l'élevage d'ovins, une animatrice chargée du suivi de la gestion du crédit a profité de sa position, au moment où l'argent retiré de la banque devait être partagé entre les femmes, pour enlever un montant au nom de femmes ne faisant pas partie du groupement, au moment du remboursement, le montant n'a pas pu être récupéré, créant ainsi un impayé au compte du groupement, en réalité l'animatrice l'avait utilisé à des fins propres.

Des agents d'encadrement (moniteurs, vulgarisateurs agricoles) ont eu à commettre des actes similaires, auprès de responsables d'associations villageoises chargés de gérer le crédit agricole collectif, profitant de leur naïveté ou de leur complicité pour s'accaparer d'une partie de fonds destinés au développement agricole.

Dans le budget de mise en œuvre d'un projet d'éducation il était prévu l'attribution de sous dons à des communautés représentées par des comités de gestion scolaire en vue de les appuyer financièrement dans la mise en œuvre de plans d'action annuels de développement des écoles, certains animateurs d'ONG assistant les communautés dans la réalisation de ces plans ont eu à détourner une partie de ces sous dons.

Des programmes de formation, de renforcement des compétences des groupes cibles (représentants des communautés et des collectivités, des leaders, des enseignants, etc.), sont élaborés et exécutés. Des agents de base sont souvent chargés de l'organisation des ateliers de formation au cours desquels les participants sont pris en charge en : perdiems, pause-café, pause déjeuner, frais de logement, frais de transport, etc. Certains agents n'hésitent pas à faire des amputations frauduleuses sur le budget d'organisation de ces ateliers, s'arrangent toujours à présenter au service de comptabilité des pièces justificatives en bonne et due forme (par exemple ils peuvent faire signer la fiche de paiement des perdiems par les participants en marquant effectivement le montant prévu mais qu'ils n'ont pas reçu en réalité, ou faire signer la fiche sans marquer de montant, en catimini, ils écrivent la somme qu'ils désirent justifier).

1-1-4 Malhonnêteté d'agents de santé

Des agents de santé (infirmiers, aides-soignants), profitant souvent de leurs congés, se dotent de médicaments par achat ou par d'autres voies et prennent les pistes des villages pour faire le « médecin ambulant » : ils suivent un itinéraire commençant par un village A, où ils s'installent pendant deux à trois jours, ils consultent des patients, les soumettent à un traitement se résumant généralement à des injections en antibiotiques. Les maladies sont traitées avec les mêmes médicaments quelque soit leur nature. Au bout de deux à trois jours, ils empochent le prix de leurs prestations (consultation plus coût des médicaments), enfourchent leur motocyclette pour atteindre le village B. Quelques jours après ils sont dans le village C, ensuite dans le village D, ainsi de suite. L'itinéraire leur permet de rejoindre leur base sans revenir au village A et les autres villages visités. Ainsi les patients traités se battent seuls contre leurs maladies et les effets des antibiotiques, sans avoir la chance d'être consultés par leur « Médecin », en vue de s'imprégner de l'évolution de la maladie et faire d'autres traitements si nécessaire. Il a été retrouvé avec certains des patients ainsi traités des flacons d'antibiotiques périmés.

1-1-5 Des agents de très faible niveau

- **Cas d'un agent enquêteur**

Un jeune déscolarisé (niveau neuvième année de l'enseignement fondamental), a été recruté comme enquêteur par une ONG pour mener une enquête WASH (Eau, Hygiène, Assainissement) en milieu scolaire. Après avoir été orienté sur le remplissage du questionnaire, il s'est rendu dans un groupe scolaire en vue de collecter les données à travers les outils, vu son faible niveau il n'a pas pu expliquer aux Directeurs d'école le but de l'enquête et ce qu'il attendait d'eux. Heureusement que son superviseur ayant pressenti son incompétence à mener un tel travail est vite arrivé sur le lieu pour rectifier le tir. Il faut noter que ce jeune homme a été recruté pour cette tâche parce qu'il est le neveu d'un responsable de l'ONG en question.

- **Cas d'une superviseuse d'enquête**

Au cours d'une enquête CAP (Connaissances, Attitudes et Pratiques) menée par une ONG internationale, une jeune diplômée détentrice du brevet de technicien supérieur, a été choisie comme la superviseuse d'une équipe de trois enquêteurs (deux enquêtrices et un enquêteur). Quand l'équipe évoluait sur le terrain, dans les villages, notre « Patronne », sachant qu'elle n'avait aucune compétence lui permettant de faire un travail de supervision, demandait tout bonnement aux hôtes de lui offrir une natte pour se prélasser, tandis que les enquêteurs faisaient leurs interviews. Après la première journée de travail, la nuit au lieu d'hébergement, les superviseuses des équipes d'enquêteurs (toutes les équipes étaient supervisées par des dames), ont été invitées par le chef de la mission à faire le compte rendu des activités de la journée. Quand le tour de notre superviseuse incompétente est arrivé, elle a laissé le soin à l'enquêteur de son équipe de parler à sa place. Cela a été interprété par les autres superviseuses comme le désir d'un homme de s'arroger la place des femmes dans ce travail, elles ont donc exigé que la superviseuse s'exprime comme il se doit. Pour camoufler son incapacité, la bonne dame a trouvé un beau subterfuge : elle s'est mise à injurier les autres superviseuses, créant ainsi un scandale qui obligea le chef de la mission à surseoir à la séance.

- **Cas d'agents de développement communautaire** (Moniteurs /trices, animateurs/ trices/ formateurs/ trices, mobilisateurs/ trices).

Les agents de développement (des deux sexes), après leurs orientations sur des thèmes donnés, sont chargés de faire passer des informations, des messages, à l'endroit des communautés, de les sensibiliser, de les mobiliser, de former des groupes cibles. Bon nombre d'agents, à cause de leurs faibles niveaux dénaturent les messages, exécutent mal les modules de formation, sont incapables de produire de bons rapports d'activités. En matière de production de rapport d'activités ou de mission, il a été noté beaucoup plus de carences au niveau des agents de sexe féminin que ceux de sexe masculin. Les femmes n'aiment pas tellement écrire, quand elles mènent des activités concomitamment avec des hommes, souvent elles s'éclipsent aux moments de rédaction du rapport.

1-1-6 Mauvaises prestations dues à l'inadaptation à la vie en milieu rural

Certains agents ayant passé la majeure partie de leur vie en ville, affectés en milieu rural pour occuper des postes, éprouvent beaucoup de difficultés à y séjourner à cause des conditions de vie difficiles dans le village (logement, nourriture, manque de moyen de distraction, etc.). Les exigences de service les poussant à fréquenter ce milieu, malgré eux, ils font leur travail comme une corvée de laquelle ils cherchent à se débarrasser. Ainsi ils s'adonnent à de mauvaises prestations : faible fréquence de visite auprès des groupes cibles, mauvaise façon de faire passer les messages, manque de patience, non disponibilité à se mettre à l'écoute de l'interlocuteur, à prendre en compte ses préoccupations, etc.

Il arrive à des agents d'abandonner carrément leurs postes au village pour aller s'installer dans les zones urbaines ou périurbaines les plus proches, ils ne viennent à leur lieu de travail qu'occasionnellement, surtout quand ils s'attendent à des visites de leurs supérieurs.

De tels agents produisent des rapports d'activités truffés de fausses données.

1-1-7 Dragage de filles ou de jeunes femmes du village par des agents

Contrairement aux agents qui ont du mal à s'adapter au mode de vie villageois, il n'y en d'autres qui s'y sont adaptés et qui ont bien intégré les communautés avec lesquelles ils travaillent sur plusieurs plans. Ceux-ci ont tissé des relations sociales trop poussées avec certains membres des communautés qui les accueillent : ils vont jusqu'au dragage des filles ou de jeunes femmes qui aboutit souvent à des relations intimes. Cela crée des fois des scandales. Dans beaucoup de milieux ruraux en Afrique les filles sont fiancées à bas âge et mariées de façon précoce, la femme est un « trésor » scrupuleusement surveillé, donc un étranger qui débarque dans un village et qui cherche à draguer en milieu féminin va difficilement tomber sur une fille ou une jeune femme « libre ». Chercher à avoir des relations intimes avec une fille ou une femme dans ce contexte, cela équivaut à faire « une déclaration de guerre ». Certains agents ayant tenté l'expérience se sont faits échaudés. Nous avons eu connaissance de cas où des agents pris avec des compagnes villageoises, après avoir été molestés par leurs adversaires, ayant eu heureusement la vie sauve, ont pris la tangente en laissant derrière eux leurs biens matériels. Il y a eu des cas où les agents pris en flagrant délit ont quitté la localité, après avoir été directement sommés à

cela par les villageois de façon pacifique ou après avoir reçu l'ordre de leurs services informés par les villageois.
Le dragage de filles ou de femmes par les agents en milieu rural débouche généralement sur des conséquences néfastes sur leur travail : déshonneur, perte de crédibilité, des fois perte d'emploi.

Anecdote

Au cours d'un forum d'analyse des résultats scolaires organisé par une ONG dans une localité, les parents d'élèves et les enseignants ont été invités à identifier les causes des mauvais résultats scolaires. Quand les sorties nocturnes des filles et leur rentrée précoce dans la sexualité ont été citées parmi les causes, l'animateur d'ONG, n'ayant pas pu cacher sa surprise s'adressa ainsi aux participants : « Je suis étonné que cela arrive aux filles de votre établissement qui n'est qu'une école du 1er cycle de l'enseignement fondamental (niveau 6e où les filles les plus âgées, celles qui ont été inscrites tardivement ou qui ont doublé des classes, sont censées avoir au plus 15 ans) ». Un parent a ainsi réagi : « Cela est une réalité, certains maîtres chargés d'éduquer nos filles flirtent avec elles ici ». L'animateur d'ONG très embarrassé a trouvé les mots propices pour passer à un autre thème. Après la séance, en aparté avec le Directeur de l'école, il a cherché à élucider ce comportement immoral attribué aux maîtres, son interlocuteur a révélé qu'il a été effectivement mis en évidence qu'un de ses adjoints flirte avec la fille du parent d'élève ayant fait la déclaration, qu'il lui a été demandé de mettre fin à son écart de conduite.

1-1-8 Tenue extravagante des agents de sexe féminin (animatrices/formatrices)

Au cours d'un atelier de formation d'animatrices villageoises en CCC (Communication pour le Changement de Comportement), une animatrice d'ONG s'adressa ainsi aux participantes : « quand vous animez des séances de sensibilisation, de formation de vos groupes cibles, votre accoutrement importe beaucoup, cherchez toujours à vous habiller de manière simple, ne pas surtout porter des tenues qui peuvent porter atteinte à la pudeur ou trop attirer l'attention des cibles. Je m'en vais vous raconter un fait vécu en la matière : quand j'étais débutante (jeune fille animatrice), j'aimais porter des pantalons en ville comme en milieu rural, au cours d'une séance d'animation dans un village, quand je tournais le dos pour écrire quelque chose au tableau et le commenter en même temps, les participants, au lieu de s'intéresser à ce que j'expliquais, avaient plutôt l'attention attirée par ma croupe dont la forme était mise en exergue à travers le pantalon. Un collègue de travail m'en a informée après la séance, à partir de ce jour j'ai compris que je ne devais pas porter certaines tenues dans certains milieux ».

1-2 Conditions pour obtenir de bons agents de base et assurer l'efficacité de leur travail

1-2-1 Recrutement d'agents

Nous constatons que ces dernières décennies, en Afrique, dans la plupart de nos pays certains responsables chargés d'attribuer des postes à des employés le font en les « vendant », demandant des pots de vin aux postulants. Il y a également le cas où le recruteur n'a pas d'ambition pécuniaire mais a un penchant à servir d'abord ses parents, ses proches, il tombe dans le favoritisme. Cela a tendance à être considéré dans la mentalité de beaucoup de citoyens, comme un geste grandiose. Servir d'abord ses proches, même dans l'illégalité ou l'immoralité est une vision ou une attitude qui devient de plus en plus populaire, c'est une déperdition très dangereuse des valeurs morales de notre société. Le fait suivant relatif à un grand homme d'affaires du Mali, le confirme : cet homme d'affaires a séjourné longtemps dans des pays étrangers où il aurait eu à commettre des actes d'escroquerie pour s'enrichir et retourner dans son pays, où il s'est lancé dans des actions de générosité inédites (distribution de sommes colossales et de voitures à des cantatrices, reconstruction de toutes les maisons de son village natal, etc.). Suite à de plaintes de partenaires abusés à l'extérieur, il a fait l'objet d'un mandat d'arrêt international, les autorités maliennes devraient-elles le livrer ? Cela a suscité beaucoup de débats entre citoyens au Mali. Pour la grande majorité de ses compatriotes il ne fallait pas le livrer étant donné que, quelque soit la malhonnêteté qu'il a commise, il n'a pas joui tout seul de son pactole, il en a fait profiter ses parents, ses proches, de simples citoyens, ce qui lui a valu d'être traité de grand patriote. Ceux qui profitent des biens matériels qui leur sont procurés par leurs proches de façon injuste doivent comprendre qu'ils sont satisfaits

tandis que d'autres personnes sont lésées, eux aussi peuvent être un jour victimes d'injustice, ils doivent avoir en tête le dicton « Le malheur n'arrive pas qu'aux autres ».
Recruter des agents sans tenir compte de leur degré d'intégrité (s'ils ne sont pas à leur premier emploi) et de leur compétence, cela recèle beaucoup d'inconvénients dans le déroulement des activités, dans les résultats attendus, en milieu social. Au-delà des cas d'incompétence et de malhonnêteté d'agents de base que nous avons eu à évoquer plus haut, il faut noter le cas d'agents de sécurité (militaires, policiers, gendarmes, etc.), qui sont de véritables garnements, de grands délinquants, n'ayant pas pu être maîtrisés par leurs familles, qui sous le couvert de parents ou proches haut placés sont recrutés au sein des forces armées et de sécurité. Ces jeunes gens en tenues censés être engagés pour assurer la sécurité des citoyens deviennent plutôt des racketteurs, membres de gangs armés qui dépouillent les paisibles citoyens de leurs biens, commettent souvent le crime le plus ignoble (le meurtre).
Tous ces faits négatifs cités montrent à suffisance les dangers liés au recrutement d'agents par favoritisme. Nous en retenons que notre penchant naturel à être généreux, à manifester notre solidarité, à faire du bien pour nos proches (il n'est pas interdit d'attribuer un poste à un proche quand il en a les compétences requises) ou notre cupidité nous conduit souvent à priver d'autres personnes de leurs droits, à embaucher des individus qui hypothèquent les résultats des projets, des actions de développement, qui menacent même la survie des populations.
Les personnes qui occupent des postes de responsabilité, qui sont assez nantis (financièrement et matériellement), qui se soucient de l'avenir de leurs proches ayant besoin

d'assistance (chômeurs, employés subalternes), doivent se rappeler qu'en dehors des opportunités qu'ils peuvent leur offrir par le népotisme, il y a des voies normales pour les assister, dans le secteur privé. Ils peuvent les aider à mettre en œuvre des activités génératrices de revenus (petit commerce, agriculture, pisciculture, apiculture, etc.). Il y a aussi les opportunités offertes par l'artisanat : couture, sculpture, teinture, menuiserie, etc. Quelques soient leurs niveaux d'études et leurs spécialités les jeunes demandeurs d'emplois peuvent exercer des activités informelles en attendant de trouver un emploi conforme à leur qualification. Un jeune diplômé au chômage peut être également soutenu à travers son inscription dans des centres de formation permettant d'avoir d'autres qualifications (informatique, cours d'anglais, communication, comptabilité, gestion des ressources humaines, etc.), ou dans des universités permettant d'avoir des diplômes supérieurs (master, doctorat, etc.), cela multiplie sa chance d'obtenir un emploi.

Avoir un emploi est un besoin social, quand il est satisfait, cela nous soulage, nous donne beaucoup d'espoir dans la vie. Mais faut-il arriver par tous les moyens ? Dans la vie, quand les actes accomplis avec succès ne sont pas orthodoxes, le remords les accompagne souvent, après les périodes d'euphorie. Demander ou s'attendre à l'appui de quelqu'un pour réussir à avoir un emploi, cela nous prive du combat noble pour réussir dans la vie, la joie d'avoir le succès après les péripéties, les écueils les plus rudes, ça nous rend dépendant, paresseux.

Dans le choix des agents de base les critères idéals seraient l'intégrité et la compétence.

Comme précédemment évoqué, les valeurs morales de nos sociétés sont en train de s'effriter. Ce serait donc une utopie de vouloir pourvoir tous les postes de cadres et d'agents de base intègres à cent pour cent.

Quant à la compétence (savoir, savoir être, savoir-faire) de nos jeunes diplômés demandeurs d'emplois, il est un secret de polichinelle de savoir que la baisse constante de leur niveau scolaire et universitaire, la qualité de leur formation, ces dernières années, ont des répercussions sur leurs compétences.
Malgré la déliquescence de ces deux valeurs (intégrité, compétence) dans nos sociétés contemporaines, elles restent indispensables à la prospérité de la nation, c'est pourquoi les meilleurs agents à choisir seront ceux chez lesquels seront détectés les plus importants indices de ces valeurs.

1-2-2 Suivi/assistance aux agents sur le terrain

Les agents de terrain dans l'exercice de leur fonction ont besoin d'un suivi régulier et d'assistance afin de rectifier les erreurs et de les orienter mieux vers les résultats attendus de leurs activités. Il a été malheureusement constaté dans la mise en œuvre de beaucoup de projets de développement le manque de suivi des agents sur le terrain. Beaucoup d'entre eux se débattent tout seul plusieurs mois après leur installation dans leur zone d'activité et ne reçoivent généralement leur superviseur que quand des missions d'évaluation sont annoncées. Ce fait est particulièrement vécu dans les localités enclavées, où l'accès est très difficile. Dans ces zones l'agent reste longtemps sans contact avec son service employeur et mène une vie austère à cause du fait qu'il perçoit à peine son salaire, ce qui lui donne peu de d'envie, peu de motivation au travail.
Si l'agent de terrain est suivi régulièrement, cela permet d'éviter beaucoup de mauvais comportements comme ceux qui ont été précédemment cités : la paresse conduisant certains agents à répondre à des questions à la

place des groupes cibles, à communiquer aux supérieurs des fausses données ; les fourvoiements dans la diffusion des messages ; les détournements de fonds destinés aux groupes cibles, etc.

1-2-3 Formation continue/recyclage

Le travail qui se fait sur le terrain exige très souvent des compétences qui ne sont pas acquises dans les universités et les écoles de formation d'où sortent les jeunes diplômés. Ces jeunes employés dans des actions de développement doivent nécessairement bénéficier de formation continue et de recyclage. Cela est pris en compte dans la plupart des projets de développement qui ont dans leurs budgets des enveloppes considérables pour le volet formation.

Quelques aspects négatifs des formations

- ✓ *Des sessions de formation itératives*

Si nous concevons que les formations sont généralement nécessaires, des expériences nous commandent d'émettre du doute sur leur efficacité dans certains cas. Du début à la fin de certains projets de développement les agents sont constamment mobilisés dans des ateliers de formation et de recyclage. Les ateliers se succèdent souvent à des rythmes tellement intenses que les agents ont à peine le temps d'appliquer sur le terrain les pratiques apprises au cours des formations précédentes et progresser dans la réalisation de leurs activités.

- ✓ *Modules de formation inadaptés aux vrais besoins*

Un autre aspect altérant l'efficacité des formations est leur inadaptation aux vrais besoins des groupes cibles visés par les projets de développement. Il a été constaté que les modules de formation présentés dans certains ateliers à l'intention d'animateurs/formateurs chargés de former à leurs tours des groupes cibles, ont des thèmes entiers ou certains de leurs points qui sont inutiles ou difficilement assimilables pour les groupes cibles. En fait, après avoir été formés, les animateurs/formateurs à leur tour regroupent dans des ateliers au niveau de leurs zones d'activités, au niveau local des groupes cibles : leaders communautaires, communicateurs traditionnels, élus locaux, adultes (hommes, femmes), jeunes (garçons et filles), producteurs, artisans, etc.qui sont le plus souvent analphabètes, en vue de faciliter les modules auxquels eux-mêmes ont été précédemment formés. C'est à ce niveau qu'on constate souvent dans les salles de formation que les participants n'arrivent pas à répondre à des questions, à traiter correctement les consignes données suite à des exposés et ne peuvent pas faire une bonne synthèse ou un bon rappel des informations, des messages diffusés bien qu'ils soient donnés en langue locale, à cause du fait qu'ils sont trop longs, trop détaillés. En parlant par exemple des droits de l'enfant si l'on s'évertue à énumérer tous les droits énoncés dans la convention relative aux droits de l'enfant, vu le fait que les participants n'ont pas de compétence en lecture/écriture, pour pouvoir prendre des notes, ils ne pourront pas retenir beaucoup de choses. Bon nombre d'animateurs/formateurs formés en vue de former à leur tour d'autres personnes, tentent d'aller restituer intégralement à leurs groupes cibles tout ce qu'ils apprennent au cours de leur propre formation, ayant en tête qu'il leur faut tout simplement traduire en langue locale les notions apprises. Leurs formateurs ou concepteurs des modules de formation (qui sont souvent les chefs hiérarchiques) commettent souvent l'erreur, dans leur planification de retenir la même durée consacrée à la formation des animateurs/formateurs que celle prévue pour l'exécution du même module servant à la formation des groupes cibles sur le terrain. Par exemple si la formation des animateurs/formateurs prend trois jours, le même nombre de jour est prévu pour former les groupes cibles au même module, cela pousse l'animateur/formateur à vouloir réaliser intégralement toutes les activités prévues, toucher en détails tous les points. Dans ce contexte quand la formation est purement théorique, il n'est pas rare de constater dans la salle de formation des participants qui somnolent. L'essentiel aurait pu être donné au bout d'une journée, cela aurait permis d'éviter la léthargie des participants.

✓ *Techniques de formation non appropriées*

Une autre insuffisance au cours des ateliers de formation animés par les animateurs/ formateurs se découvre dans le choix des techniques d'animation. Dans la réalisation d'une séance avec des animateurs/formateurs (ayant bénéficié de plusieurs sessions de formation), une technique comme les travaux de groupe ou le jeu de rôle peut être efficace mais inadaptée et inefficace quand il s'agit d'adultes villageois qui n'ont pas assez de connaissances antérieures sur les sujets abordés.

✓ *Difficultés de traduction des contenus en langue nationale*

Il y a lieu de tenir compte également des difficultés de traduction du français dans les langues locales. Dans la pratique courante, dès qu'il est certain que les animateurs/formateurs évoluant dans une localité ont la maîtrise de la langue locale, en parler, ils sont formés au cours des ateliers où le français est utilisé comme (médium) et sont chargés d'aller restituer les connaissances acquises auprès des communautés dans la langue locale, le plus souvent ils ne sont pas soumis à des tests de traduction et ne sont pas munis de supports traduits en langue locale (eux-mêmes ne sont pas généralement alphabétisés dans la langue locale). Cela engendre des difficultés de communication et la détérioration des connaissances et des messages véhiculés.

Si nous prenons à titre d'exemple le cas de la santé, de l'environnement, nous nous rendons compte que beaucoup de notions dans ces domaines ne sont pas faciles à traduire du français aux langues locales.
En vue de rendre plus performants les agents de terrain (qui travaillent avec des communautés rurales au sein desquelles le taux d'analphabétisme est très élevé), il est crucial de les alphabétiser dans les langues de leurs milieux d'évolution et de les doter de supports avec des textes écrits en langues locales.

✓ *Désir trop ardent des perdiems de formation*

Il a été constaté qu'au cours des derniers mois d'exécution de certains projets de développement des sessions de formation sont organisées, à l'intention des agents, non pas parce que cela est un besoin réel mais essentiellement dans le but de leur attribuer des perdiems. L'organisation de ces sessions engendre l'utilisation totale du reliquat du montant prévu dans le budget de mise en œuvre de ces projets, après la réalisation des activités prévues. Ces fonds auraient pu être judicieusement et efficacement utilisés au profit des groupes cibles dans d'autres domaines, par exemple la dotation en matériels/équipements, appui à la réalisation d'infrastructures.
Ces dernières années, l'obtention de perdiems au cours des sessions de formation est devenue la principale motivation qui fait venir beaucoup de personnes aux ateliers de formation. Les expériences, les connaissances acquises sont totalement ignorées ou reléguées au second plan, c'est pourquoi il n'est pas rare pour des participants à des sessions de formation de jeter dans des tiroirs des documents de formation qu'ils ne lisent jamais.

Anecdote

Un jour des agents d'ONG ont été regroupés pour une session de formation dans les locaux d'une académie

d'enseignement, un enseignant trop intéressé par les perdiems, s'étant rendu compte qu'un atelier était en cours, sans chercher à s'informer sur le thème et le groupe cible, est venu demander à un responsable d'inscrire son nom parmi les participants.
Le problème de perdiem a tendance à devenir un frein dans le travail de renforcement des capacités, de vulgarisation de pratiques, de mobilisation des groupes cibles. Beaucoup de gens réclament des perdiems ou s'attendent à les recevoir dès qu'on leur demande leur participation à une rencontre organisée par une ONG, dans le cadre d'un projet mis en œuvre par une structure étatique, souvent même s'il s'agit d'une simple réunion, d'une assemblée, même si cela ne nécessite pas un grand déplacement. Si vous utilisez du papier flipchart au cours d'une simple assemblée dans certaines localités, des gens penseront qu'il s'agit d'atelier de formation et vous réclameront des perdiems. Il y a des auditeurs devant bénéficier gratuitement de formation à des compétences qui leur manquent (en alphabétisation par exemple) qui posent comme condition de participation aux sessions de formation l'obtention de perdiems. Le perdiem est de plus en plus considéré par beaucoup de personnes comme une compensation du temps perdu au cours de la participation à une rencontre.
De nos jours les formateurs d'ONG ont beaucoup de peines à mobiliser les responsables communautaires et autres groupes cibles à cause du problème de perdiem qui est tantôt pris en compte dans la rubrique formation des budgets des projets de développement, tantôt inexistant. Le fait que le perdiem est prévu dans certaines actions de développement par les partenaires techniques et financiers, non pris en compte dans d'autres, sa variabilité d'une structure à une autre, créent souvent la zizanie.

1-2-4 Autoformation par la lecture

Un adage bambara ne dit-il pas : « Nul n'est jamais trop vieux pour apprendre, nul n'est jamais trop instruit pour apprendre, l'oreille va à l'école tous les jours ». Quelques soient notre niveau de connaissance et la valeur de nos compétences, nous avons besoin d'enrichir nos connaissances, de nous perfectionner, la lecture est l'une des voies les plus efficaces nous conduisant à cela.

Les agents de base ont le besoin ardent de la lecture. En vue de la pérennisation des acquis des différentes formations qu'ils reçoivent, les agents de base doivent constamment lire, les supports écrits (documents sur les thèmes abordés).

Malheureusement comme nous l'avons évoqué plus haut, rares sont les participants aux sessions de formation des lettrés qui relisent les documents de formation après les ateliers. Il est même troublant d'apprendre que des fois, même au cours des ateliers, quand une consigne consiste à faire une revue documentaire, en dehors de la salle de formation, demander à des participants de lire des documents, au-delà des journées de travail (même si elles ne sont pas trop longues, même s'il y a assez de temps pour se reposer), dans l'après-midi, ou la nuit, afin de répondre à des questions le lendemain, certains participants ne le feront pas parce que lire est un calvaire pour eux.

Les NTIC offrent une possibilité énorme aux agents qui ont à leur portée les équipements informatiques, pour faire des recherches afin de se perfectionner mais à ce niveau également la lecture est incontournable, la plupart d'entre eux butent contre le manque d'habitude de lire, ils préfèrent passer de longues heures devant les écrans de leurs ordinateurs en s'adonnant aux jeux.

1-2-5 Quelques qualités d'un bon agent de base

Les agents de base travaillent le plus souvent dans des domaines, dans des milieux très sensibles. Ils ont pour tâche d'amener des individus à changer de comportement, d'habitude, à adopter de nouvelles conduites, de nouvelles pratiques. Chaque milieu social a ses réalités et chaque individu son caractère. L'adage bambara : «Un seul bâton suffit pour conduire un troupeau, quant à un groupe d'hommes il faut autant de bâtons que d'individus », confirme cela. Travailler avec des groupes d'hommes afin de les faire changer de comportement, c'est être un psychologue, un pédagogue, un andragogue.

Pour atteindre leurs objectifs les agents de base doivent se doter de savoir, de savoir être, et de savoir-faire constamment améliorés.

Rien de grandiose ne se fait sans amour. Pour bien mener un travail pour lequel nous avons les compétences requises nous devons l'aimer. Un agent de base dans l'exercice de sa fonction qui a l'amour de son travail en plus de la motivation salariale peut faire des exploits. Contrairement à beaucoup de prestataires de service, qui reçoivent leurs clients sans se déplacer, sans quitter leurs lieux de travail, l'agent de base va vers ses groupes cibles (dans leurs domiciles, leurs lieux de travail, etc.), c'est pourquoi dans son savoir être doivent apparaître : la simplicité, la politesse, le respect, la courtoisie, l'honnêteté, le courage, la persévérance. En dominant ses sens il sera à l'abri des conséquences néfastes de la concupiscence et vivra en harmonie avec son milieu social d'accueil.

Récit d'une collaboration entre un enquêteur et un villageois révolté contre les agents

En vue de la réalisation de l'étude de base d'un projet de développement villageois, un enquêteur était chargé de collecter auprès de toutes les unités de production (ménages) dans un village, des données démographiques et économiques (populations, bétail, champs, équipements agricoles). Après ce premier travail, il devait collecter d'autres données dans le cadre d'un suivi léger des activités agricoles pendant près de six mois, sur un échantillon d'unités de production tiré au hasard. Arrivé dans la localité pour la seconde fois il a expliqué au chef de village l'objet de sa mission et son déroulement, tout en lui présentant la liste des ménages retenus dans l'échantillon. En entendant le nom d'un chef de ménage parmi les noms cités, le chef de village a immédiatement réagi à travers ces mots : « Je ne pense pas que celui-ci va accepter de collaborer avec toi, il n'aime pas ce genre de travail et a la compréhension très difficile, tu feras bien de le remplacer par quelqu'un d'autre ». L'enquêteur lui a fait savoir que le choix des chefs de ménage a été fait de façon aléatoire par ses supérieurs, que lui il n'est pas habilité à y apporter un changement quelconque, qu'il va tenter une expérience avec le monsieur en question. Sur les fiches de collecte de données au cours de l'étude de base, il est ressorti que l'unité de production concernée ne cultive qu'un seul champ et ne dispose d'aucun équipement agricole « moderne » : charrue, multiculteur, charrette, semoir, etc. pas de bœuf de labour, aucun animal d'élevage. Au cours d'une de ses visites dans le village l'enquêteur a été introduit auprès de son futur interlocuteur « difficile », par le chef de village. Après ce premier contact (à domicile), il est revenu chez lui une deuxième fois puis une troisième fois au cours de laquelle il n'a pas pu s'empêcher de livrer son état d'âme à l'enquêteur : « Toi tu es très différent des agents d'encadrement qui ont l'habitude de venir travailler avec nous au village ici. Eux ils viennent, en laissant apparaître à travers leurs manies de toubabs et leur langage qu'ils sont des patrons, ont peu de considération envers nous les ruraux. Moi je ne supporte pas les hautains et les orgueilleux, c'est pourquoi je ne les reçois pas avec bonne humeur. Contrairement à ceux-ci, toi tu es simple dans ton habillement, poli dans ton langage et courtois. Je peux travailler à cœur ouvert avec toi : sache que je ne t'ai pas dit la vérité au cours de l'entretien de ton premier passage, mon unité de production cultive 5 champs, elle possède un équipement moderne complet : 2 charrues, un multiculteur, un semoir, une charrette plus 3 paires de bœufs de labour, elle a également assez d'animaux d'élevage (bovins, ovins, caprins) ». Faisant plus que déclarer, il est allé montrer ses équipements et ses grands greniers remplis de grains de céréales à l'enquêteur, qui ne pouvait pas douter qu'il était en face d'un riche agriculteur. Au fil du temps (au cours de six mois de collaboration), la relation entre les deux a dépassé le cadre du travail pour devenir une véritable amitié. A la fin de la campagne agricole qui marquait également la fin des enquêtes dans le cadre du suivi léger, quand l'enquêteur est venu annoncer à son ami qu'il devait retourner à la capitale, ce dernier a demandé à sa femme de préparer pour leur hôte, comme cadeau, près de 15 kilos de couscous sec.

Impressions d'un villageois sur un agent enquêteur qui s'est adapté à la vie de son village d'accueil

« Tu vas à dos d'âne à l'instar de nos enfants pour mesurer des champs.

Tu t'assois avec les adultes du village, à même le sol, sur le mirador, sur un tronc d'arbre, etc.

Tu acceptes de manger nos repas avec nous dans le même plat.

Tu as compris comment vivre avec nous : si tu vas dans un village trouver que les gens bêlent comme la chèvre, il faut bêler comme la chèvre, s'ils rugissent comme l'hyène il faut rugir comme l'hyène sinon si tu bêles comme la chèvre ils vont te bouffer »

1-3 Séjour des agents de base en milieu rural

Beaucoup d'agents de base servant dans le développement sont appelés à s'installer dans les zones rurales pour des séjours plus ou moins longs.

1-3-1 Les conditions de vie difficiles au village :

- ✓ *Environnement*

L'économie rurale dans beaucoup de milieux étant basée sur les activités agropastorales, les hommes vivent à proximité des champs et des parcs à bétail. Dans certaines localités il n'est pas rare de voir dans la cour des concessions de petits enclos pour les animaux de trait (bœufs, chevaux, ânes, etc.) ainsi que pour de petits ruminants (moutons, chèvres), des animaux qui au moment de leur sortie ou de leur arrivée des pâturages ou des champs ont l'occasion de piétiner une bonne partie du sol des concessions qui reçoit leurs crottins et leurs urines. Dans cette condition il n'est pas facile d'assurer l'assainissement de l'environnement.

- ✓ *Hygiène de l'eau, des aliments et des toilettes*

Ces dernières années en Afrique, il y a eu assez de progrès en matière d'adduction des villes et villages en eau potable. De nombreuses stations de pompage, de traitement et de distribution de l'eau des fleuves ont été installées dans les villes. Beaucoup de villages ont été dotés en eau potable à partir des forages qui fonctionnent à l'aide de pompes manuelles ou solaires.

En milieu rural la qualité de l'eau destinée à la consommation humaine a certes connu une nette amélioration, cependant des insuffisances en matière d'hygiène sont observables au moment de son transport et de sa conservation dans les ménages. L'eau est souillée avant sa consommation dans les familles à cause de la cohabitation avec les animaux qui fait que les cours des concessions ne sont pas exemptes de leurs souillures (excréments et restes d'aliments de bétail) et les spécificités du milieu rural (analphabétisme et pauvreté) faisant que l'application des règles d'hygiène ne soit pas considérée comme une priorité. Nous pouvons facilement citer quelques manques de précautions d'hygiène : le gobelet qui sert à boire est déposé à même le sol ou saisi par des mains sales (surtout celles des enfants qui s'amusent beaucoup par terre) et peut être réutilisé (plongé dans l'eau d'une jarre sans être lavé au préalable) ; des jarres d'eau qui ne sont pas bien fermées, dans lesquelles peuvent tomber des insectes, des reptiles ou des objets sales par la faute des enfants ; des toilettes mal entretenues qui attirent les mouches ; il n'y a pas de pratique du lavage des mains au savon, au sortir des toilettes et avant les repas ; les travaux de cuisine (lavage de la vaisselle, préparation et service des plats) ne se font pas faits dans les bonnes conditions d'hygiène, etc.

1-3-2 Autres faits rendant la vie difficile au village

Il est vrai qu'avec le développement de certaines cultures de rente telles que le coton, le café, le cacao et de la riziculture irriguée, ces dernières années, beaucoup de villages ont commencé à imiter les villes dans leurs modes de vie. Cela se fait sentir dans l'amélioration des habitations : beaucoup de maisons dans certains milieux ruraux sont construites en béton ; dans l'habillement : des villageois mais surtout des villageoises n'hésitent plus à mettre des sommes colossales dans l'achat de tissus et de mode de couture en vogue dans les grandes villes ; les aliments commencent à être variés et plus appétissants ; la santé des populations rurales s'améliore avec la multiplication de centres de santé communautaires ; le taux d'analphabétisme baisse grâce à la construction d'écoles dans beaucoup de villages dont certains sont très

reculés ; même sur le plan divertissement l'essor se fait sentir à travers l'installation d'antennes paraboliques dans certaines familles qui peuvent ainsi capter des chaînes de télévisions étrangères. Il faut noter que certains villages ont fait un grand pas vers le modernisme à travers leur électrification et l'existence de réseau téléphonique.
Cependant l'arbre ne doit pas cacher la forêt, il existe toujours un nombre considérable de villages où le mode de vie reste presque rudimentaire. Parmi ceux-ci on compte : des villages enclavés dont le sous-sol ne recèle pas de ressources minérales et qui ont leur accès difficile à tout moment ou pendant une bonne partie de l'année, des villages situés dans des zones géographiques violemment et constamment frappées par les aléas climatiques (sécheresse, inondation), il y a aussi des villages touchés par les conflits inter-communautés ou inter-états. Les habitants de ces villages vivent souvent dans une indigence dont l'ampleur est vite perçue à travers la difficile satisfaction des besoins fondamentaux de l'homme. Il est abracadabrant d'apprendre qu'il existe de nos jours des villages qui ne disposent en leur sein d'aucune source d'eau, dont les habitants sont obligés de parcourir des distances de quelques kilomètres pour se procurer de l'eau de consommation, une denrée dont la rareté fait que l'on ne se soucie pas de sa propreté. Dans beaucoup de localités les populations sont heureuses quand elles arrivent à se procurer au plus un repas à base de farine de céréales (sorgho, pénicillaire, maïs) par jour, avoir la possibilité de manger ces plats pauvres en vitamines, peu appétissants pendant des mois, sans avoir l'occasion de les varier, est une chance, trouver quelques morceaux de viande, de poisson ou un bol de lait pour les accompagner est un luxe sur lequel il ne faut pas espérer. Il existe des contrées où des hommes vivent dans des

situations tellement critiques que s'y procurer quotidiennement la pitance est une chimère.
Quand on ne mange pas quotidiennement à sa faim on se soucie peu de la qualité de son logement, dans cette condition vivre dans des taudis, presque sans couchette, en compagnie des moustiques et des punaises, n'est pas extraordinaire.
Sans une bonne alimentation, sans avoir à boire de l'eau potable, mal dormir la nuit (à cause du manque de logis adéquat), cela laisse le champ libre à beaucoup de maladies. Malheureusement dans les localités où les besoins élémentaires cités ne sont pas satisfaits, les centres de santé y font également défaut, pour en trouver il faut souvent parcourir une centaine de kilomètres. Pour y acheminer leurs malades les habitants n'ont le plus souvent d'autre choix que d'utiliser la charrette, la bicyclette, la moto (rarement). Les malades ainsi transportés ont une chance de survie très réduite. L'enclavement de tels villages, leur pauvreté en ressources naturelles et les aléas climatiques rendant difficile la mise en place d'infrastructures de communication (ligne électrique, réseau téléphonique, antenne de télévision), tout cela retarde leur développement global, rend les échanges difficiles avec d'autres personnes d'autres localités, la jeunesse a peu d'occasion et de moyens de réjouissance, dans cet état la vie devient monotone et terne.
Un agent de base ne va pas facilement accepter de séjourner longtemps dans de telles localités.
Compassion d'un ressortissant d'un village à l'égard d'un agent de base : « En nous quittant le mois dernier, quand j'ai pensé à la vie que tu allais mener dans le village où tu devais résider, j'ai eu pitié de toi, j'ai failli dire à ton chef de ne pas te laisser là-bas, je suis né dans cette contrée, j'y

ai passé un moment de mon enfance, après avoir séjourné en ville, je ne peux plus supporter la vie du village ».

1-3-3 Raisons qui doivent motiver les agents de base à séjourner au village

Malgré tous les problèmes inhérents à la vie en milieu rural, les agents de développement à la base doivent accepter d'aller s'y installer pour travailler, en évitant certes les périodes de guerre sauf pour le cas des travailleurs humanitaires (Croix rouge, HCR, etc.), pour les raisons ci-dessous citées.

- ✓ *L'opportunité d'avoir de l'emploi, d'acquérir de l'expérience*

Un jeune diplômé qui vient de terminer ses études ou un agent ayant déjà travaillé mais se trouvant en situation de chômage, ne doit pas refuser d'aller travailler en milieu rural parce que l'obtention de tout emploi permet de répondre à un besoin fondamental de l'homme : travailler pour vivre, l'exercice de tout emploi permet d'acquérir de l'expérience. En quittant la ville ou un village pour aller travailler dans un autre village, cela nous donne l'opportunité de découvrir beaucoup de réalités : nouvelles zones géographiques, nouvelles communautés avec leurs histoires, leurs us et coutumes, leurs activités socio-économiques, etc.

Aller travailler dans de nouvelles zones, surtout celles où les conditions de vie sont particulièrement difficiles, cela permet d'être imprégné de façon réelle des souffrances des hommes, de prendre part au combat pour la survie. Quand on est cantonné en milieu urbain, surtout quand les conditions de vie nous sont offertes sur un plateau d'argent, nous avons tendance à nous imaginer que tout le monde vit de la même manière, dans cet état même quand

des dangers, des crises menacent notre environnement, il nous est difficile de les pressentir.
Nous évoquons ici en exemple le fait suivant ayant eu lieu en 1982, dans la capitale d'un pays de l'Afrique de l'Ouest. En pleine saison pluvieuse, il y a eu un arrêt précoce des pluies. Cela a donné des soucis à un jeune lycéen ressortissant d'un village, venu poursuivre ses études en ville, au cours d'une causerie avec des camarades, il leur a révélé son état d'âme, ceux-ci lui ont fait savoir qu'ils ne considèrent pas du tout cela comme une préoccupation.
Les mass médias (radio, télé, journaux, etc.) informent fréquemment sur les catastrophes naturelles, les accidents, les guerres qui ont lieu de par le monde mais tant que ça ne se passe pas dans leur environnement immédiat, beaucoup de gens qui en sont certes touchés les oublient aussitôt que les images disparaissent. En Afrique il y a eu des pays qui ont fait près d'un demi siècle après leur indépendance dans la stabilité (sans guerre civile, sans changement de régime dans la violence) tandis qu'il y en a d'autres dont les populations ont souffert pendant la même période des atrocités des coups d'état, des conflits ethniques, les citoyens des premiers ne s'imaginaient pas que ce qui est arrivé à ceux des derniers pouvait les toucher également un jour, malheureusement à leur tour ils ont vécu le même calvaire.
Commencer sa carrière dans des zones particulièrement difficiles permet de s'aguerrir, de surmonter facilement les petits obstacles quotidiens, quand on est affecté dans des zones moins difficiles.

- ✓ *Se mettre au service des autres est une source de bonheur*

Des sages nous enseignent :
-« Vivre c'est aider à vivre. Il faut créer d'autres bonheurs pour être heureux » (Raoul Follereau),

-« Es-tu triste ? Cherche autour de toi un service à rendre, une misère à soulager, une peine à consoler, un espoir à raviver, et tu trouveras la joie » (G. Courtois).
Un agent de base en poste dans une localité œuvre en faveur de la résolution de problèmes auxquels les populations sont confrontées, de l'amélioration de leurs conditions de vie. Il est certes rémunéré pour sa prestation mais au-delà des avantages pécuniaires, l'assistance qu'il apporte lui procure le bonheur d'avoir fait du bien pour ses semblables.
Des expériences vécues par deux animateurs communautaires ayant travaillé dans un projet d'éducation et un projet de développement villageois nous servent de cas pour la démonstration de cette vérité.
Suite au conseil du premier, un comité de gestion scolaire a pu confectionner un tableau mural dans une salle de classe d'école communautaire. Auparavant le maître de cette classe avait toutes les peines à écrire sur un vieux contre-plaqué qui n'avait pas plus de 0,5m de largeur et qui était troué.
Grâce à la sensibilisation du même animateur, l'association des mères d'élèves d'une école a pris en charge les frais de carburant pour l'acheminement dans leur village des sacs d'écolier offerts gratuitement par l'UNICEF mais bloqués pendant un mois, par faute de moyen de transport dans une localité située à 50 Km de l'école.
Le cas du second animateur a consisté à sensibiliser les habitants d'un village afin qu'ils adhèrent au projet d'aménagement d'un bas-fond de riziculture dans leur localité. Quand les travaux ont pu être réalisés, la culture du riz s'est effectuée avec un grand succès. Un villageois qui était l'un des plus réticents à la réalisation du projet a fait une production excellente, il en était ébahi, très émotionné, il a exprimé sa reconnaissance à l'animateur

en ces termes : « Je n'ai pas de mots pour te remercier. Après le battage du riz quand j'ai amené ma production à la maison, en voyant le nombre de sacs, je ne m'en revenais pas, j'ai pleuré parce que je n'avais jamais pensé que cela pouvait arriver un jour ». Il n'a pas hésité à donner comme cadeau à l'animateur un sac de riz.

Un animateur d'ONG a un jour fait cette révélation : « Le fait que le financement de notre projet ne soit pas régulier n'encourage pas à y travailler. Souvent le matin avant de quitter ma chambre, l'idée de démissionner me hante mais dès que je rentre dans le village en vue d'y mener une activité, quand je me rappelle les difficultés dans lesquelles vivent les villageois et ce qu'ils attendent de moi, je me sens ragaillardi ».

✓ *Des faits sociaux positifs propres au milieu rural*

Contrairement aux centres urbains et périurbains où l'insécurité règne de façon permanente : agressions, viols, vols à mains armées, accidents de la circulation ; le milieu rural offre généralement une atmosphère de tranquillité de paix (souvent altérée dans certaines localités par les conflits).

Malgré le transfert des mauvaises habitudes du milieu urbain au milieu rural, il existe toujours des villages qui gardent des valeurs sociales et morales très précieuses d'antan qui ont tendance à disparaître de nos jours.

Il y a toujours des localités où les portes ne sont pas fermées la nuit (pas de vol) et il y est possible de faire des balades nocturnes sans risque de se faire agresser.

L'hospitalité africaine existe encore : un étranger arrive à l'improviste dans un village, il est bien accueilli, logé et nourri. Très récemment (en Novembre 2013), nous avons vécu un cas dans une zone d'orpaillage où la vie est réputée d'être chère et de plus en plus inhumaine : un jeune ressortissant d'un village lointain est arrivé pour la première fois dans le village de résidence des orpailleurs,

ne connaissant personne il s'est fait orienté chez le chef de village où il a été accueilli et invité à manger.
D'une manière générale l'étranger est toujours un « Roi », quand il est un agent de développement à la base il est particulièrement bien accueilli et traité avec beaucoup d'égards.
C'est en milieu rural que l'on peut toujours rencontrer de nos jours quelques vestiges de la civilisation africaine et c'est également à ce niveau que l'on peut mieux s'imprégner sur notre passé, sur l'histoire de nos ancêtres.
Nous pouvons citer quelques faits, pratiques traditionnelles découvertes dans des villages par un agent de base qui y a séjourné pendant quelques années :
-pratique originale de la vaccination (pratique poursuivie jusqu'en 1988) : dans un village pour prévenir la méningite, une chasse collective est organisée en vue d'abattre des chiens sauvages dont les corps sont incinérés, la cendre qui en découle est distribuée entre les différents ménages du village qui en mettent dans l'eau des jarres que chaque personne consomme.
-un chef de village, au cours d'une causerie s'est ainsi adressé à l'agent : « Avant l'arrivée des blancs en Afrique nous avions le téléphone sans fil », l'agent surpris a voulu comprendre, son interlocuteur n'a pas tardé à s'expliquer : « C'est le tam-tam qui servait de téléphone : dès qu'un fait majeur (information sur l'arrivée prochaine de troupes guerrières ennemies, mort d'une personnalité, etc.) survenait dans un village, la nouvelle était diffusée à travers des sons de tam-tam à l'intention du village le plus proche, qui, à son tour les transmettait (les mêmes sons) au village suivant et ainsi de suite, la nouvelle arrivait rapidement jusqu'au village le plus reculé ».
-autre déclaration d'un chef de village : « L'introduction de la culture attelée (charrue tirée par du bétail) n'a pas été facile dans notre village, nos pères disaient qu'ils

n'avaient pas de temps à perdre en se promenant derrière des bœufs toute la journée, ils ne voulaient pas abandonner leur ancienne pratique : labourer la terre avec la daba (houe manuelle), ils faisaient confiance en leur force physique qui leur suffisait pour se nourrir, de nos jours nous ne pouvons pas satisfaire nos besoins alimentaires sans la culture attelée ».

-un riche entrepreneur domicilié dans une capitale venait séjourner dans un village pendant plusieurs jours, pour manger uniquement du « to » (sorte de purée de farine de céréales locales), parce qu'il trouvait que les femmes du village savent le préparer mieux que les citadines (contrairement aux villageois lui il avait quand même le moyen financier d'enrichir ce plat avec de la sauce au poulet).

La vie moderne adoptée en milieu urbain crée des besoins superflus dont la satisfaction dépasse souvent le pouvoir d'achat de beaucoup de personnes qui cherchent à les satisfaire par snobisme (en cherchant à imiter un ami, un collègue, un voisin), sous la pression d'autres personnes (parents, beaux parents), sous l'influence de la mode, etc. Ces personnes viennent à bout de toute leur économie (au bout d'une journée) difficilement constituée pendant de longues années, ou s'obligent à s'endetter en vue de faire des dépenses futiles et vivent dans des conditions misérables quelques jours après. Rentre dans ce cadre la célébration pompeuse des mariages, des baptêmes. Nous sommes imprégnés du fait que des mamans de certaines filles qui se marient ou des nouveaux mariés ont pleuré après avoir liquidé tout leur bien en gratifiant des griottes de cadeaux et dans d'autres charges telles que la location d'hôtel où se déroule une partie des cérémonies.

De telles folies ne se passent pas au village où l'on s'occupe des strictes nécessités.

D'une manière générale la vie en milieu rural n'occasionne pas trop de dépenses, elle donne au contraire l'opportunité aux agents de base de faire des économies (il est vrai que le montant de la dot est plus élevé dans certaines localités rurales que dans les villes).

✓ *Possibilité de mener des activités parallèles*

Il y a des zones propices à la réalisation d'activités agro-pastorales, à la pratique de la pêche. Un agent de développement basé dans ces zones peut mener ces activités parallèlement à sa mission.

Il est connu que beaucoup d'agents devenus de grands producteurs de céréales dans leurs localités d'intervention, ont couvert les besoins alimentaires de leurs familles et vendu l'excédent de leur production pour accroître leurs revenus monétaires. Il y en a qui se sont enrichis à travers les produits d'élevage ou les cultures de rente telles que le coton. Ainsi ils ont pu se construire des maisons ou se marier. Conscients que la vie des projets de développement est éphémère, certains agents à partir des activités parallèles ont pu thésauriser en vue d'autofinancer des activités génératrices de revenus, après l'arrêt de leurs projets, qui leur ont permis de survivre, en attendant d'avoir un autre poste.

En menant des activités agro-pastorales, parallèlement à son rôle, un agent de développement, pour vivre en harmonie avec les villageois doit éviter deux choses :

-l'entêtement à exploiter une parcelle de culture revendiquée par un autre producteur (il peut avoir accès aux parcelles par location ou par achat).

-les dégâts causés par les animaux sur les champs de culture.

Ils sont à l'origine de conflits souvent très violents dans le monde rural.

Il ne faudrait pas que les agents perdent de vue la mission pour laquelle ils sont venus au village, penser d'abord à bien exécuter et à temps les tâches qui leur sont assignées par le service, ils pourront faire autre chose pendant les heures prévues pour leur repos mais ils doivent veiller à ne pas utiliser ces moments jusqu'au point de s'essouffler et d'être incapables d'exécuter leur activité essentielle.
Il y a des agents qui s'adonnent tellement à des activités parallèles, qu'ils relèguent au second plan leur activité principale, ils bâclent le travail pour lequel ils sont payés, cela conduit aux mauvais résultats, par conséquent à la perte d'emploi.

- ✓ *Potentialités naturelles rendant la vie agréable au village*

L'environnement des centres urbains et périurbains est pollué par plusieurs facteurs : les déchets solides et liquides domestiques, les déchets artisanaux et commerciaux provenant des ateliers et des marchés, les déchets issus des moteurs d'engins de déplacement et ceux des industries (fumée qui se dégage suite à la consommation de carburants par les moteurs), la poussière qui est soulevée par des engins en circulation, etc. La densité de la population et la multitude d'engins de transport sont à l'origine du bruit qui règne dans les rues jusqu'à des heures avancées de la nuit et de la montée de la température en saison chaude.
Dans les villes et leurs environnements l'air que nous respirons et l'eau de fleuve destinée à notre consommation (avant sa décantation et son traitement) sont très pollués.
Par contre, au village l'atmosphère est moins polluée par les actions de l'homme. La densité de la population étant faible, le calme règne à tout moment.
Dans les zones rurales non désertiques la chaleur est moins intense grâce à l'exubérance de la végétation.

C'est en milieu rural que la beauté de la nature est plus observable. Cette beauté s'exprime à travers : l'azur du firmament et des cours d'eau ; le soleil au moment de son coucher se manifestant sous forme de disque doré ; le clair de la lune quand elle apparaît au zénith ; les étoiles qui brillent comme des pierres précieuses quand le lustre lunaire et les nuages disparaissent ; les chutes d'eau naturelles à couleur argentée sous l'effet du soleil ; les flots des cours d'eau qui murmurent et qui font glisser les embarcations ; la verdure des feuillages des végétaux en toute saison et particulièrement en période pré-hivernage (cas de la zone soudano-sahélienne), où les arbres retrouvent leurs beaux feuillages tout en exhibant des fleurs couleur d'or et donnent l'hospitalité aux oiseaux au plumage multicolore et au doux ramage ; les pâturages aux herbes verdâtres qui donnent de l'appétit aux bovins aux splendides robes ; l'orchestre des grenouilles qui anime la nuit sans troubler le calme général ; etc.

Ce sont des phénomènes qui donnent gratuitement du plaisir, de la joie sans avoir de conséquence néfaste sur l'homme, contrairement à certains plaisirs que nous nous offrons en ville.

Tout cela met un agent de base dans des conditions idéales, pour se livrer à la méditation sur ses perspectives d'avenir, sur son environnement immédiat et sur l'univers ; pour améliorer ses connaissances à travers la lecture ; écrire ses mémoires, ses expériences professionnelles ; produire des œuvres littéraires (poèmes, récits, etc.)

II : autres facteurs ayant des impacts sur le développement

En dehors de l'impact du travail des agents de base, d'autres raisons font que les projets, les actions de développement donnent de bons ou de mauvais résultats, nous allons en citer quelques unes.

2-1 Les échecs ou insuffisances qui incombent aux : initiateurs, concepteurs des projets, partenaires techniques et financiers

Face à des problèmes auxquels sont confrontées les populations, les états et leurs partenaires ou des ONG conçoivent des projets, souvent de très grande envergure dans des zones déterminées. Si les études de milieu ne sont pas menées à fond avant leur démarrage, les échecs dans leur mise en œuvre peuvent découler de la non prise en compte de certains faits historiques, des traditions, des us et coutumes, des données environnementales.

2-1-1 Des réalités du milieu non prises en compte

Des parcelles ont été aménagées et mises à la disposition de populations nomades afin qu'elles se sédentarisent pour pratiquer l'agriculture, elles ont accepté au départ, dès qu'elles sont arrivées à élever parallèlement quelques têtes de bétail, elles ont abandonné l'agriculture pour s'adonner uniquement à l'activité liée à leur histoire : l'élevage par le nomadisme.

Des investissements dans l'agriculture ne répondent pas aux besoins de telles populations à moyen et long terme (pour satisfaire leurs besoins alimentaires, dans l'immédiat elles vont s'engager dans cette activité, mais elles l'abandonneront après).

Un projet ayant eu pour objectif la mécanisation de l'agriculture a voulu mettre le tracteur à la disposition

d'agriculteurs d'une zone soudano-sahélienne qui font des cultures sèches (pénicillaire, sorgho, maïs, fonio, etc.), qui n'ont pas l'habitude et le moyen d'utiliser des engrais chimiques (contrairement à la charrue, le soc du tracteur déchire le sol en profondeur dépassant sa partie naturellement fertile pour mettre à nu celle non riche en éléments nutritifs pour les plantes, la charrue n'atteint pas cette profondeur, ce qui fait que les plantes peuvent croître sans avoir besoin d'engrais chimiques).
Sans apport d'engrais chimiques (qui créent d'autres problèmes) l'utilisation du tracteur est inefficace dans de telles zones pour les cultures citées.
Le tracteur est plutôt efficace dans de zones de riziculture inondée à grande échelle ou de cotonculture, où une bonne partie des productions agricoles est destinée à la vente.
-Toujours dans la même zone, dans le cadre de la lutte contre la désertification et pour la restauration de l'écosystème, des projets ont vu le jour. Au cours de leur exécution il y a eu de grandes campagnes de sensibilisation et de mobilisation des communautés rurales en faveur du reboisement, c'est ainsi que beaucoup d'espaces ont reçu des plants d'arbres en un temps record, mais dont la grande majorité n'a pas pu croître, au bout de quelques mois, à cause du fait que des mesures efficaces n'ont pas été envisagées au départ pour leur entretien (protection contre les animaux, les feux de brousse, arrosage, etc.).
-Une campagne de vaccination des ovins/caprins a échoué dans un village parce que les femmes, étant les vraies propriétaires de ces petits ruminants, n'y ont pas été associées et sensibilisées (dans beaucoup de villages au sahel la plupart de ces animaux appartiennent aux femmes). A la veille de l'opération quand l'agent vétérinaire est arrivé chez le chef de ce village pour l'en

informer, il n'a pas présenté d'objection. Sa femme ayant appris la nouvelle, étant dans sa chambre, a fait savoir à son mari (après le retrait de l'agent) qu'elle n'est pas pour la vaccination de ses animaux parce que dans le passé il y en a qui en sont morts. Le chef de village (son époux) acquiesça ses propos. Le lendemain quand l'agent vétérinaire est venu au village comme prévu, en vue de procéder à la vaccination, le chef de village ayant décidé de l'accompagner, lui servait de guide. Dès qu'ils arrivaient dans une concession, il introduisait ainsi : « Celui-ci est venu chez nous dans le but de vacciner nos ovins et caprins, c'est à vous de l'accepter ou pas, en tout cas moi j'ai décidé que les miens ne seront pas vaccinés ». Ces propos ne pouvaient pas naturellement stimuler les chefs de familles rencontrés à accepter l'opération. Ainsi le vétérinaire a fait le tour du village sans réussir à vacciner un seul bétail.

2-1-2 Un seul domaine d'intervention

Les échecs peuvent découler du fait que l'intervention a lieu dans un seul domaine.

-Un projet de maraîchage a été mis en œuvre dans une zone propice à cette activité mais qui est enclavée. Les maraîchers ont bénéficié d'appui en intrants (semences, engrais, insecticides) et d'encadrement technique. A la récolte la production a été très bonne. Il fallait vite écouler les produits malheureusement à cause de l'enclavement de la zone les producteurs n'étaient pas à mesure d'acheminer les produits dans les marchés où leur vente est possible, pour la même raison des commerçants ne sont pas venus les acheter sur place au village. Les légumes comme la tomate étant très périssables et les maraîchers n'ayant pas de moyen et de technique de conservation, ils les ont vu pourrir à leurs dépens. Le fait que l'enclavement

de la localité n'a pas été pris en compte a provoqué l'échec du projet.
La mise en place d'un volet aménagement ou réhabilitation de pistes rurales, permet dans ce genre de projet de faciliter l'écoulement de la production, ainsi les efforts fournis des deux côtés (partenaires techniques et financiers, bénéficiaires) ne seront pas vains.
-Il y a eu des promoteurs d'un projet d'éducation qui ont jugé nécessaire de prendre en compte l'éducation parentale (doter des parents analphabètes de compétences leur permettant de bien jouer leur rôle dans l'éducation de leurs enfants) dans leurs actions.
Il est pertinent d'informer, de sensibiliser les parents sur la protection et l'épanouissement de leurs enfants car il est constaté que dans beaucoup de localités les parents ne jouent pas pleinement leurs rôles dans le développement holistique de leurs enfants.
Dans le cadre de la protection de l'enfant les parents doivent apprendre : les règles d'hygiène les concernant, leurs besoins alimentaires, leur protection contre les maladies et contre les accidents du milieu (assurer leur sécurité).
En matière d'éducation les parents seront informés sur la nécessité d'inscrire leurs enfants dans les structures d'éducation préscolaire et scolaire, de les suivre (les appuyer) dans leur apprentissage. Ils ne doivent pas perdre de vue qu'ils sont au premier plan dans l'éducation morale et civique de leurs progénitures. Les enfants ont beaucoup d'autres droits que les parents ne doivent pas ignorer.
Les parents analphabètes sont ceux qui ont plus de mal à s'engager dans les voies idoines permettant d'assurer aux enfants leurs droits fondamentaux.
Malheureusement les promoteurs du projet en question n'ont pas jugé nécessaire d'insérer un volet d'alphabétisation des adultes dans leur plan d'action, ce

qui a fait que les résultats escomptés n'ont pas pu être atteints.
En acquérant des compétences en lecture/écriture, les parents peuvent non seulement mieux apprendre les droits de leurs enfants mais aussi les aptitudes permettant de leur en assurer.
Une maman alphabétisée va sans doute mieux gérer le calendrier de vaccination de son enfant qu'une analphabète

2-1-3 Projets de courte durée
Certains projets ne donnent pas de bon résultat parce que leur durée de vie est trop courte.
Un projet d'éducation a été mis en œuvre dans une zone couvrant une dizaine de villages. Les activités devaient s'articuler autour de deux grands axes : la formation continue des maîtres et la mobilisation communautaire dans la résolution des problèmes d'éducation. Le projet devait prendre fin au bout de 12 mois.
Il est bien connu que l'un des problèmes les plus cruciaux auxquels sont confrontés les systèmes d'éducation en Afrique est le manque d'enseignants qualifiés. Des stratégies alternatives ont été trouvées en vue d'atténuer le problème mais leur application demande du temps ainsi que des moyens. Bon nombre parmi les enseignants n'étant pas formés dans des écoles de formation des maîtres et le ratio maîtres/élèves atteignant dès fois une centaine d'élèves pour un maître, ils ont non seulement besoin d'être formés en atelier à des modules tels que : la didactique des disciplines, l'enseignement multigrade (un seul maître donne des cours aux élèves de plusieurs niveaux d'étude, au même moment, dans la même salle de classe), la pédagogie des grands groupes ; mais aussi à proximité (à l'école) et de façon continue, à travers la

communauté d'apprentissage des maîtres : un cadre de rencontre pédagogique qui permet aux maîtres de la même école ou de deux à trois écoles, de se rencontrer aux moins deux fois par mois, pour échanger sur leurs pratiques pédagogiques, de les améliorer.

L'école appartenant à la communauté (cas des écoles publiques et communautaires), elle doit être impliquée dans sa gestion à travers des structures communautaires comme les associations des parents d'élèves, les comités de gestion scolaire, les associations des mères d'élèves, etc. Ces structures dans la plupart des localités (surtout en milieu rural) ont besoin d'être formées à leurs rôles et responsabilités et d'être accompagnées dans leur mission, afin que chaque parent se sente réellement concerné par les problèmes d'éducation (développement de l'école, amélioration de la qualité de l'éducation) et se mobilise pour leur résolution, malheureusement, de nos jours, ce n'est pas le cas (comme cité plus haut).

Vues la multiplicité des problèmes liés à l'éducation et leur complexité, il est trop prétentieux de vouloir les résoudre, même partiellement au bout d'une année. Certes il est possible de laisser des impacts dans l'immédiat quand on intervient dans des domaines tels que la réalisation d'infrastructures, et la dotation de l'école en fournitures. Quant à la formation des maîtres et le renforcement des compétences des membres des structures communautaires de gestion de l'école, si les interventions ne sont pas constantes, les acquis s'envolent dès qu'elles font défaut.

Il est vrai que tout projet a une durée de vie limitée mais quand elle est trop courte, il est assimilable à un bébé mort-né.

2-1-4 « Une goutte d'eau dans l'étang » :

Vue l'ampleur des problèmes si les moyens financiers utilisés dans les actions de développement ne sont pas assez conséquents il serait difficile d'observer des indices du changement.

Dans le cadre de l'assainissement des zones urbaines plusieurs actions sont menées par les municipalités et leurs partenaires mais la gestion des déchets solides et liquides n'est pas du tout aisée. Des stratégies sont envisagées pour la gestion des eaux usées. Prenons par exemple le cas d'une commune où il fallait réaliser des puisards devant les concessions afin d'éviter le versement des eaux (eaux usées des ménages) dans les caniveaux et les collecteurs destinés au drainage des eaux de pluie au fleuve. Le projet avait un fonds qui permettait de subventionner le coût de réalisation des puisards pour quelques familles qui étaient sélectionnées en fonction de leur diligence dans le paiement de leur quote-part. Un système de roulement du fonds devait permettre à d'autres familles d'en bénéficier, cela n'a pas marché. La majorité des familles n'ont pas pu bénéficier de l'appui, ce qui a fait que dans le même quartier on constatait (souvent dans la même rue) des familles qui récupéraient leurs eaux usées dans les puisards réalisés tandis que d'autres continuaient à les verser dans les caniveaux ou dans la rue parce qu'elles n'avaient pas de puisards. Ce fait a été un goulot d'étranglement dans le travail des animateurs qui étaient chargés de sensibiliser les ménages sur les dangers liés au versement des eaux usées dans les caniveaux (impuretés qui seront drainées par les eaux de pluie dans le fleuve dont l'eau est consommée par les populations). Un jour, un animateur, à bout de souffle suite aux séances de sensibilisation qui n'ont pas abouti à un changement de comportement au sein de la population, échangea les propos suivants avec un collègue : « Je pense que

désormais les autorités municipales devront prendre des sanctions contre les familles qui ne réaliseront pas de puisard et qui verseront leurs eaux usées dans les caniveaux ou dans la rue ». Son interlocuteur a répondu ainsi « Les autorités ne pourront prendre des sanctions contre personne parce qu'elles savent ce que toi tu ne sais pas peut être : dans le quartier moderne (urbanisé) abritant le siège de notre ONG, il n'y a pas de puisard, les eaux usées sont directement jetées dans le fleuve à travers les égouts sans être épurées au préalable ».
Les initiateurs de ce projet d'assainissement en milieu urbain n'ont certainement pas pris en compte cette réalité avant d'agir.

Une ONG internationale intervenant dans le domaine de l'agriculture, en partenariat avec une fondation spécialisée dans l'appui à la production céréalière en Afrique a mis en place un programme d'accès au marché dans une région au Sud du Mali, qui permet aux producteurs céréaliers d'avoir des équipements pour les opérations post-récolte et de commercialisation (batteuse-égraineuse, palettes de stockage, moulin, étuveuse, etc.). Ces équipements ont l'avantage d'alléger la tâche aux producteurs, de les faire gagner du temps, d'offrir au marché des produits de qualité. En plus de ces équipements ce programme a appuyé les producteurs à travers leur coopérative à s'organiser pour vendre leur production en groupe, cela leur offre l'opportunité d'accéder à des prix assez rémunérateurs. Au cours d'une mission d'évaluation du programme à mi-parcours (en Août 2013), un consultant (européen) de l'ONG internationale a eu un entretien avec des producteurs qui n'ont pas manqué d'évoquer la valeur ajoutée du programme, tous les avantages qu'il leur procure (avec à l'appui des chiffres révélateurs). Le consultant visiblement touché par l'annonce de ce succès en voulant galvaniser les producteurs à œuvrer à l'atteinte de meilleurs résultats, leur a ainsi parlé : « J'ai constaté que dans votre village il y a beaucoup de motos, ce n'est pas mal mais il vous faut dépasser ce cadre, vous devrez atteindre un meilleur niveau de développement : posséder des voitures. La subvention que vous avez reçue provient des pays développés, sachez que ceux-ci ne vous aident pas par amour, ils le font parce qu'ils fabriquent des matériels (motos, voitures, etc.) qu'ils voudraient vous vendre afin de faire marcher leurs industries ». Il est indiscutable que le souhait de tout producteur en s'adonnant à son activité est de prospérer. L'épanouissement des agriculteurs africains ne doit pas se limiter à l'atteinte d'un pouvoir d'achat qui leur permet d'acquérir des voitures fabriquées par les grandes puissances, il doit permettre l'implantation d'une industrie d'automobiles en Afrique à l'instar des USA qui ont développé leur industrie en commençant par développer leur agriculture. L'appui de ce programme a certes contribué à l'amélioration des revenus des agriculteurs mais il a vite montré ses limites : tout en évoquant leur satisfaction ils n'ont pas caché leur inquiétude par rapport au moyen de stockage de leur prochaine production qui selon leur prévision devrait être le double de la dernière, par conséquent ils auraient besoin d'un nouveau magasin de stockage deux fois plus grand que le premier. Il se trouve que la coopérative des agriculteurs de la zone n'a pas de ressources financières pour la mise en place de cette infrastructure et le programme n'a pas prévu d'intervenir dans ce cadre. Si la capacité de stockage n'est pas améliorée à travers la construction d'un nouveau magasin, les producteurs seront obligés de vendre leurs produits au moment des récoltes où les prix offerts au marché par les commerçants sont particulièrement bas (en cas de bonne récolte), ils ne pourront pas également procéder à des ventes groupées qui

offrent l'opportunité d'avoir des prix rémunérateurs. Cette triste réalité va amenuiser les acquis du programme dans quelques mois.
Il est évident que l'appui financier apporté à travers ce programme est minime par rapport à l'atteinte du degré d'épanouissement des agriculteurs souhaité par le consultant (achat de voitures). L'état des lieux actuel, ne permet pas d'espérer sur un tel essor dans un proche avenir. La véritable promotion des agriculteurs africains dépend des facteurs endogènes et exogènes. A l'intérieur de nos pays, il faudrait que les gouvernements mettent en place des politiques efficaces de développement de l'agriculture, par exemple : ne pas laisser la fixation des prix des céréales exclusivement à l'initiative des commerçants, diminuer les frais de douane des équipements agricoles, subventionner les intrants agricoles. Sur le plan international il faudrait que les grandes puissances rendent les échanges commerciaux internationaux équitables à l'égard des pays africains : la subvention accordée aux agriculteurs de certains pays occidentaux défavorise ceux de l'Afrique s'ils veulent vendre leurs produits.

2-1-5 Résultats limités des programmes d'alphabétisation des adultes

Les gouvernements, sur leurs propres budgets ou avec l'appui de partenaires techniques et financiers, mettent en œuvre des programmes d'alphabétisation des adultes (en langues nationales), qui sont soit d'envergure nationale (atteignant toutes les régions du pays), soit comme volet d'autres programmes de développement visant des zones ciblées.
Les programmes d'alphabétisation des adultes en langues nationales font certes tache d'huile, ils ont des impacts

positifs sur les activités socio-économiques des bénéficiaires mais certains facteurs limitent leurs résultats, nous allons en citer quelques uns :

-la durée de vie très courte pour la plupart,

-la non-motivation des animateurs (facilitateurs) d'alphabétisation faisant qu'ils abandonnent les centres d'alphabétisation pour s'adonner à des activités génératrices de revenus sur place dans leurs localités ou prennent le chemin de l'exode saisonnier,

-le manque d'outils didactiques et de sessions de recyclage à leur intention (il y a eu des centres d'alphabétisation qui ont été fermés parce que les animateurs ayant facilité l'apprentissage du contenu des manuels à leur disposition par les auditeurs, n'avaient pas de contenu pour d'autres séquences à leur présenter),

-le manque de centres de documentation (bibliothèques communautaires) où les apprenants ont l'opportunité d'approfondir leurs connaissances par la lecture,

-le problème de source de lumière : la nuit est le moment propice à l'alphabétisation des adultes (surtout pour les hommes qui acceptent difficilement d'interrompre leurs activités diurnes pour suivre des séances d'apprentissage). Il est donc nécessaire que le centre soit éclairé. Avant le développement de l'énergie solaire, des lampes tempêtes étaient utilisées, leur alimentation en pétrole posait problème (en cas où les auditeurs s'en chargeaient). L'arrivée des panneaux solaires a permis de surmonter cet obstacle mais ils ne sont toujours pas disponibles dans beaucoup de localités,

-le manque de suivi des centres par les structures étatiques chargées d'éducation non formelle,

-la non visibilité de l'impact de l'alphabétisation en langues nationales dans les villes.

Un jour un néo-alphabète d'un village adressa les propos suivants à un agent d'un projet de développement : « Vous êtes en train de nous faire apprendre à lire et à écrire dans notre langue maternelle, vous nous dites que cela est nécessaire pour notre propre épanouissement et pour celui de notre pays mais quand nous (villageois non scolarisés) nous nous rendons en ville, nous ne constatons aucun indice de l'alphabétisation en langues nationales. Par exemple sur les écriteaux de publicité ou d'identification des édifices publics les inscriptions sont faites en français, face à celles-ci nous restons des analphabètes qui ne peuvent pas s'orienter de façon autonome, parce que nous n'avons pas eu la chance d'apprendre à lire et à écrire dans cette langue (en français) »,

-les difficultés de survie quotidienne (concernant les populations des milieux défavorisés, pour avoir le pain quotidien il faut de longues heures et la soumission à des tâches pénibles), ce qui engendre les fatigues et les stress qui ébranlent les volontés pour apprendre, surtout pour les femmes (conscients de cette réalité, les initiateurs de certains projets d'alphabétisation des adultes tentent d'y circonscrire, à travers le financement d'activités génératrices de revenus au profit des femmes qui acceptent de s'alphabétiser, mais il faut beaucoup de temps et de moyens pour espérer sur un véritablement progrès dans ce domaine).

2-2 Détournement de fonds par des responsables de projets, des autorités politiques et administratives

Beaucoup de projets de développement se sont éteints à mi-parcours parce que les personnes chargées de les gérer (Directeurs généraux, Directeurs administratifs et financiers, Chefs de division, Comptables, etc.) ont eu à effectuer des malversations financières sur leurs budgets. C'est ainsi que beaucoup de biens mobiliers et immobiliers ont été acquis par ces responsables : voitures de luxe, villas, vergers, etc. Ces fonds mal acquis ont permis à certaines personnalités véreuses de s'adonner également à la gabegie à travers les mariages grandioses de secondes épouses, l'entretien de multiples maîtresses, les voyages mondains à travers de grandes villes africaines et dans d'autres continents.

Ce comportement immoral explique la pérennisation du sous développement dans beaucoup de localités qui n'ont pas pu bénéficier de réalisations fondamentales qui leur étaient destinées : centres de santé, écoles, forages, périmètres irrigués, routes, etc.

2-2-1 Disparition des fonds destinés au développement due aux bénéficiaires locaux

Des fonds destinés au développement des communautés arrivent effectivement dans les localités ciblées. C'est au niveau local que l'on constate des cas de malversations, de mauvaises gestions commises soit par les responsables locaux chargés de la gestion des fonds, soit par les individus bénéficiaires.

Détournement de fonds par les responsables villageois

Dans le cadre de la mise en œuvre de certains projets de développement en milieu rural, une partie des fonds est gérée sur place par un comité de gestion. Ces fonds peuvent être destinés à l'achat d'équipements au niveau local (achat de petits matériels, de bœufs de labour ou autres animaux de trait), au stockage et à la commercialisation des produits, à d'autres activités génératrices de revenus, etc. L'argent est manipulé par les membres des comités de gestion à l'occasion des opérations d'achat au compte des groupements, des coopératives des producteurs ou des communautés villageoises, de la récupération des crédits (des fonds sont souvent donnés en crédit aux bénéficiaires pour la mise en œuvre d'activités génératrices de revenus). Certains en profitent pour détourner une partie de cet argent.

Exemples

-Au cours de la mise en œuvre d'un projet de développement financé par une institution internationale, le président d'un comité de gestion du crédit dans un village a récupéré auprès de ses concitoyens le montant qui leur était dû à la fin de la campagne agricole, en a utilisé une bonne partie à des fins propres, au lieu d'aller la verser au niveau de l'agent du projet chargé du crédit. Il a fallu l'intervention de la gendarmerie pour qu'il avoue sa faute et qu'il s'engage à la réparer.

-Toujours dans le cadre du même projet, dans un autre village, le président du comité de gestion qui voulait se marier avec une veuve citadine, manquant de ressources financières adéquates (en tant que paysan) pour séduire une telle femme qui n'est pas de la « classe » d'un villageois, il n'a pas trouvé mieux que d'utiliser le fonds destiné à la commercialisation de céréales au compte de sa communauté. Il a longtemps berné les agents du projet qui venaient au village en vue de se faire une idée de la quantité de céréales achetée, en leur montrant un gros grenier dans la cour de sa concession qu'il prétendait plein à craquer. Un jour, un agent du projet ayant eu de la suspicion à son égard a décidé obstinément de ne pas le quitter sans jeter un regard sur l'intérieur du grenier, cela l'a obligé a affirmé que le grenier était en réalité vide.

2-2-2 Quelques causes des détournements

Le célèbre slogan « Nous préférons la liberté dans l'indigence à l'esclavage dans l'opulence » prononcé, à la veille des indépendances en Afrique, par un dirigeant, illustre l'attachement de l'africain à certaines valeurs qu'il ne voulait monnayer en aucune condition, mais au fil du temps avec l'entrée de plein fouet dans la vie moderne (importée de l'occident), amenant la multiplicité des besoins et les problèmes liés à leur satisfaction, beaucoup de valeurs sociétales africaines se sont effritées. L'africain qui préférait mourir sous le faix de la misère que de voler, de tricher ou de commettre d'autres actes de malhonnêteté en vue de changer sa condition, de nos jours, cet africain a tendance à disparaître, à céder sa place à un autre qui met l'argent avant toute chose, pour qui « L'argent est la clé du monde », « L'argent n'a pas d'odeur », « Tous les moyens sont bons pour s'enrichir ».

Les faits suivants en témoignent :

-« A Bamako, en 2002, un père d'une trentaine d'années a assassiné son enfant de sept ans par ses propres mains, à la demande d'un marabout qui lui avait promis de faire le maraboutage avec le corps de l'enfant dans le but de lui procurer de la richesse. Il y a eu son jugement, le fait a été rapporté par la presse, avec photo à l'appui. C'était abracadabrant. » (Extrait du livre « Rôles et responsabilités des parents dans l'éducation des enfants en Afrique Noire » de Adama Fankélé Traoré, publié par « L'harmattan » de la France, P 26-27),

-au cours d'une conversation en 2009, un manœuvre s'exprima ainsi : « j'étais payé en même temps que d'autres camarades par une personnalité dans son

périmètre de maraîchage, pour arroser les plants à l'aide d'une motopompe qui tirait de l'eau d'une mare. Au cours de notre travail, quand nous nous sommes rendus compte que la mare était gorgée de poissons, nous avons immédiatement arrêté d'arroser les plants, pour utiliser la motopompe à vider la mare de son eau afin d'avoir les poissons à notre portée, cela nous a pris assez d'heures. Quand notre employeur est arrivé vers le soir, nous lui avons fait savoir que les plants n'ont pas pu être arrosés parce que la motopompe est tombée en panne ».
Son interlocuteur lui a fait remarquer qu'ils n'ont pas été honnêtes.
Il répliqua ainsi : « Ce jour-ci nous avons eu beaucoup de poissons, si nous avions été honnêtes, nous n'allions pas les avoir » (la vente des poissons leur a procuré de l'argent).
Le manque d'endurance face aux difficultés de la vie quotidienne pousse certaines personnes moins nanties à vouloir sortir de l'ornière par la facilité, à s'enrichir en bafouant leur dignité.
Ceux qui vivent dans des situations enviables, qui sont même riches (hauts responsables, hommes d'affaires, commerçants), passent par des voies immorales pour s'enrichir d'avantage pour les raisons suivantes :
-ils sont subjugués par la richesse,
-ce sont des pieuvres (insatiables) : enclins à la concupiscence, ils ont besoin d'argent pour leurs propres plaisirs, il leur en faut pour ceux de leurs épouses, ceux de leurs enfants (bonnes nourritures, beaux habits, belles voitures, belles maisons, etc.). Dès les premières années de naissance de leurs progénitures, il leur faut préparer leur avenir (villas, buildings, comptes bancaires),
-ils ne pensent qu'à eux-mêmes et leurs proches : des personnalités richissimes vivent avec leur famille dans des maisons de deux cents millions (f CFA), circulent dans des

voitures de cinquante millions en ville, alors qu'il y a des communautés villageoises qui, manquant d'eau potable, n'ont besoin que de cinq à dix millions pour la réalisation d'un forage.
- ils oublient : que, quelque soit le désir ardent de l'homme de s'accrocher à la richesse éternellement, elle peut lui échapper avant la fin de ses jours, que le pouvoir de l'argent a ses limites : il ne permettra pas d'éviter un accident mortel, l'attaque par une maladie mortelle, la mort subite d'une personne qui nous est très chère, etc.
-ils oublient que la vie ici-bas est de courte durée, qu'elle prendra fin un jour.

2 2-3 Mauvaises utilisations des fonds et non paiement du crédit par les membres des communautés bénéficiaires

Il a été découvert que des bénéficiaires de crédit, dans le cadre de projets de développement en milieu rural, à qui des fonds ont été remis en vue d'acheter des bœufs de labour ou de petits ruminants, les ont utilisés à d'autres fins (dot de mariage, achat de radios, de bicyclettes, exode, etc.). Ils ont pu tromper la vigilance des agents de développement en leur présentant les animaux qu'ils possédaient auparavant, à la place de ceux qu'ils devaient acheter.
Les fonds destinés à accroître leurs productions et leurs revenus ayant été utilisés autrement, il n'y a pas eu de croissance, ils n'avaient donc pas de ressources supplémentaires pour rembourser le crédit.
D'autres facteurs expliquent le non paiement du crédit :
-les aléas climatiques : au cours des années de mauvaises pluviométries les agriculteurs ont du mal à subvenir aux besoins alimentaires de leurs familles, à fortiori rembourser le crédit,

-le manque de suivi régulier du recouvrement du crédit de la part des responsables des projets de développement,
-le manque de crédibilité de certains bénéficiaires,
-l'influence de certains hommes politiques (en quête d'électorat) qui font croire aux bénéficiaires que les fonds investis dans les projets de développement sont des dons que les pays développés font pour aider les populations les plus pauvres des pays en voie de développement, que ce sont les hommes aux rênes des projets qui les récupèrent à leurs propres comptes.

Quelles que soient ses raisons, le non remboursement du crédit empêche la pérennisation des fonds, c'est un facteur d'échec des projets de développement.

2-2-4 Entretien trop coûteux « d'experts » étrangers et achat de véhicules

Pour la mise en œuvre de certains projets de développement des « experts » provenant d'autres continents sont envoyés en Afrique (à l'initiative des partenaires techniques et financiers). Leur entretien est très onéreux (salaire, logement, voiture, déplacements pour les congés). De même, des véhicules fabriqués par les grandes puissances sont achetés au compte de ces projets. (Il s'agit là de donner par une main et de retirer par l'autre).

Les budgets de mise en œuvre des projets de développement étant amputés de toutes ces dépenses, cela réduit de façon considérable les investissements dans les véritables actions de développement en faveur des populations bénéficiaires, dont la survie est difficile parce que beaucoup de leurs besoins prioritaires ne sont pas satisfaits.

2-2-5 Gâchis dans la gestion des biens et ressources humaines

- ✓ *Cas des déplacements*

-Des voitures de fonction trop chères sont payées à partir des fonds publics pour les hauts cadres nationaux.

-Au cours des déplacements des responsables politiques ou administratifs, à l'intérieur du pays pour la même mission, plusieurs véhicules sont utilisés en cortège, chaque voiture ne prenant le plus souvent qu'un seul responsable en plus du chauffeur.

- ✓ *Gaspillage du carburant*

Certains chefs ont des tickets d'essence qui dépassent largement leurs besoins, ils donnent le surplus à leurs proches qui en utilisent une partie pour leurs courses et vendent le reste, en vue de résoudre des problèmes personnels, alors que dans certains services de la santé, de l'éducation, et de l'agriculture, les agents, les techniciens sont démobilisés et désœuvrés dans les bureaux parce qu'il leur manque du carburant pour aller travailler dans les zones où leurs actions sont nécessaires.

- ✓ *Cas des ressources humaines*

-Des cadres affectés dans certains services restent sans occupation. S'ils ont la chance d'avoir un bureau équipé en outil informatique, ils passent la journée à s'adonner aux jeux, ceux qui n'ont pas cette chance passent la journée à causer sous les arbres. Les premiers et les derniers ont une occupation commune : parier sur l'ordre d'arrivée des chevaux aux courses hippiques.

-Des personnes d'appui sont recrutées au niveau des ministères : manœuvres, chauffeur, plantons, secrétaires, agents de reprographie, etc. déployés dans les services déconcentrés, là-bas Ils passent des journées à ne rien faire. Comme si leur inoccupation ne constitue pas assez de gâchis, il y en a qui utilisent le téléphone fixe du service pour causer avec des connaissances, ils n'ont aucune gêne à gaspiller ainsi le bien public afin de tuer le temps.

En arrêtant d'acheter des voitures de fonction trop chères, en réduisant le nombre de voitures utilisées au cours des missions et les déplacements quotidiens, en privilégiant le transport en commun (utilisation de bus), pour les activités publiques, en réduisant le nombre de voyages des hauts fonctionnaires à l'extérieur et en évitant leurs séjours dans les hôtels trop coûteux, bref, en évitant tous les gâchis cités et non cités, il est possible de faire des économies en vue d'investir dans des actions de développement au bénéfice de nos populations.

III Propositions de quelques actions d'éducation et de développement :

3-1 L'alphabétisation et l'instruction des populations

La majorité des populations des pays africains reste analphabète, cela constitue l'un des principaux obstacles à leur développement. Les différents gouvernements qui se succèdent à la tête de nos états en sont certes conscients, ce qui explique l'élaboration et la mise en œuvre de nombreux projets d'éducation (instruction), de lutte contre l'analphabétisme mais vue l'ampleur du problème il faut encore plus d'efforts, plus d'actions. Il est un besoin impérieux d'en faire un combat quotidien dans toutes les localités de nos pays, dans tous les domaines (santé, agriculture, commerce, artisanat, activités socioculturelles, etc.), à chaque occasion (dans le travail quotidien de chaque individu et au cours des rencontres), par tous les citoyens : hommes, femmes, jeunes et vieux ; en milieu rural comme en milieu urbain.

L'alphabétisation et l'instruction doivent être un programme transversal dans toutes les actions de développement.

La lutte contre l'analphabétisme et pour l'instruction doit être réalisée sous forme d'un gigantesque programme de développement illimité dans le temps, concernant tous les secteurs de l'éducation : éducation préscolaire, spéciale (éducation des handicapés), formelle, non formelle, informelle.

La mise en œuvre d'un tel programme nécessite la mobilisation de beaucoup de ressources humaines et financières.

3-1-1 Mobilisation de ressources humaines

Les ressources financières de nos pays étant très limitées par rapport à nos besoins, et nos états étant contraints d'adopter des programmes d'ajustement structurel, ne sont pas en mesure de recruter le nombre d'enseignants qu'il faut pour avoir un ratio élèves/maîtres raisonnable dans nos écoles, facteur déterminant en vue d'améliorer la qualité de notre enseignement. Pour amoindrir les conséquences du manque d'enseignants, des stratégies alternatives ont été déjà adoptées par nos gouvernements, il faut en trouver d'autres telles que celles
ci- dessous citées.

Utilisation des salariés désœuvrés dans l'enseignement primaire

Comme cité plus haut, des cadres embauchés dans les services étatiques ne travaillent pas, il y a également des personnes d'appui sous exploitées (celles qui ont au moins le niveau secondaire seront prises en compte dans ce cadre). Tous ces salariés peuvent être soumis à un programme de formation accélérée en éducation, non pas pour enseigner de façon permanente dans les classes mais pour servir comme maîtres assistants qui aideront les titulaires à organiser les cours de ré médiation (surtout en lecture, écriture), les exercices d'évaluation, etc. Ils pourront servir de lien entre l'école et les parents d'élèves tout en appuyant les élèves dans les apprentissages à domicile. Il y a également la possibilité de les utiliser comme facilitateurs en alphabétisation des adultes.

Création dans chaque structure d'une division pour la promotion de la culture générale

Cette division aura pour mission d'organiser des séances de sensibilisation des cadres sur l'importance de la culture générale, de les inciter à adopter la lecture comme pratique quotidienne, à travers les supports durs (livres, journaux, revues, rapports, etc.) ainsi que sur internet.

Il y aura dans chaque structure une bibliothèque, si possible avec une connexion sur internet.
La culture générale sera prise comme un critère d'avancement, de promotion pour les cadres.
Ils seront particulièrement sensibilisés sur le fait que nous « gaspillons trop » le temps.
Nous avons eu à évoquer plus haut que dans beaucoup de services des employés passent tout leur temps à causer ou à s'adonner aux jeux. Il est également constaté qu'après les heures passées dans les lieux de travail, nous faisons une mauvaise exploitation de notre temps. A la maison, dans les « Grins » (groupes de causerie et de distraction), la plupart de notre temps est consacrée à de longues causeries (on parle généralement de la broutille, ou l'on s'adonne au commérage). Ceux qui ne prennent pas goût à cela passent leur « temps mort » (temps de repos) en face de l'écran du téléviseur. Il y a beaucoup de gens qui disent qu'ils n'ont pas assez de temps dans la gestion de leurs affaires quotidiennes mais qui, paradoxalement, consacrent par jour au moins quatre heures à ces distractions avant d'aller au lit. Peu de gens pensent aux livres et pratiquent la lecture au cours de leur temps de repos. La non-pratique de la lecture est devenue un grand fléau dans nos sociétés, ces derniers temps. Elle est une cause essentielle de la baisse de niveau de nos élèves et étudiants, du manque d'amélioration des performances des enseignants et autres cadres, et du manque de culture générale des citoyens.
L'utilisation judicieuse de notre temps en dehors du lieu de travail (si nous travaillons à plein temps) consiste à en consacrer une partie à la lecture, à inciter les enfants scolarisés à lire, à les appuyer en cela ainsi que dans toute autre activité d'apprentissage

Utilisation des cadres retraités, des maîtres de médersa, des étudiants

Les cadres retraités, les maîtres des médersas (franco-arabe), les étudiants, sont des personnes ressources à sensibiliser et à mobiliser dans l'accompagnement des élèves, dans les études à domicile et dans l'appui à la facilitation de l'alphabétisation des adultes. Pour ce faire, ils doivent être recensés dans leurs zones de résidence (quartiers) et repartis entre les groupes d'exercices à domicile qui seront constitués d'élèves venant de familles proches. Les élèves bénéficieront de leurs appuis le soir après la classe et les jours non ouvrables. Un calendrier de travail sera élaboré à cet effet. Les parents seront impliqués dans la mise en place et le fonctionnement des groupes d'exercices à domicile. Ils auront à mobiliser les élèves pour cela et feront de petits gestes de motivation des personnes ressources (leur offrir du thé, de petits cadeaux).

Des centres d'alphabétisation des adultes (hommes, femmes, jeunes non scolarisés) seront ouverts dans les quartiers, les personnes ressources seront formées à leur animation.

Elles recevront également des formations pour gérer et animer des bibliothèques ou centres de lecture communautaires installés dans les quartiers ou les villages.

Il faut souligner que les personnes ressources citées utilisées à ce niveau ne seront payées ni par les parents ni par l'état. Toutefois leur engagement sera encouragé et soutenu à travers la délivrance d'attestations de reconnaissance par l'état.

Ces personnes ressources sont des volontaires qui acceptent de se mettre au service de leur communauté. Il sera fait appel à leur esprit de solidarité à l'égard de personnes dans le besoin d'apprendre (enfants scolarisés, non scolarisés, déscolarisés précoces, adultes analphabètes), leur amour du prochain, leur engagement patriotique

3-1-2 Utilisation judicieuse des ressources financières

Nous avons eu à évoquer plus haut qu'en évitant les gâchis commis dans la gestion quotidienne des biens communs, qu'il est possible de faire des économies en vue d'investir dans des actions de développement au bénéfice de nos populations.

Dans le cas de l'éducation (instruction), ces économies contribueront :

-à la mise en place et à l'équipement des infrastructures éducatives : salles de classe, centres de développement de la petite enfance (structures d'éducation préscolaire ou jardins d'enfants), centres d'éducation spéciale (pour les handicapés), centres d'alphabétisation pour adultes, centres de lecture et de recherche (bibliothèques), etc.

-à la formation continue, au renforcement des compétences des enseignants, des éducateurs, des facilitateurs en alphabétisation.

-au renforcement des capacités en moyens matériels (moyens de déplacement et carburant) des structures déconcentrées de l'éducation et des commissions éducatives des mairies, en vue de leur permettre d'effectuer le suivi régulier et l'appui technique à la mise en œuvre des projets d'éducation et de contribuer à leur pérennisation.

-au renforcement de deux stratégies existantes (cadres) permettant l'éducation non formelle des enfants non scolarisés ou déscolarisés précoces de 8 à 15 ans.

Le premier cadre consiste à inscrire les enfants de cette catégorie dans les centres d'éducation pour le développement (CED) où ils s'alphabétisent dans une

langue nationale et en français, et apprennent simultanément un métier.
Le second est une stratégie de scolarisation accélérée (ou passerelle) qui consiste à inscrire les enfants non scolarisés ou déscolarisés précoces de 8 à12 ans dans un centre où ils sont soumis à un programme spécial d'apprentissage dans une langue nationale et en français, pendant 9 mois, au bout desquels ils sont inscrits à l'école primaire, au niveau 4e année, en vue de poursuivre les études.
-à la mise en œuvre de nouvelles stratégies d'éducation (instruction).

3-1-3 Proposition de nouvelles stratégies d'éducation (instruction)

La méthodologie *« Lire et écrire pour vivre » ou « Walandabilabali »*
(qui veut dire en langue bamanankan du Mali : leçon qui continue), est une stratégie d'alphabétisation des adultes décrite dans le livre « Rôles et responsabilités des parents dans l'éducation en Afrique Noire », écrit par Adama Fankele Traoré, publié par « L'harmattan » de la France en Novembre 2013.
Elle a pour but, de mettre à travers la lecture et l'écriture l'individu dans un processus d'apprentissage continu et de réinvestissement des acquis tout au long de sa vie, afin d'amener un changement qualitatif dans nos activités socio-économiques quotidiennes.
Ses objectifs sont :
-faire de l'alphabétisation une activité quotidienne et permanente,
-créer chez l'apprenant l'attitude à lire et écrire dans la gestion de ses affaires quotidiennes,
-élargir le champ d'apprentissage à la maison, au lieu de travail, à tout milieu dans lequel évolue l'apprenant,

-créer une forte synergie entre le facilitateur en alphabétisation et les apprenants dans le processus d'apprentissage et dans le réinvestissement des acquis de l'alphabétisation dans les activités quotidiennes individuelles et collectives,
-renforcer les compétences des adultes dans le suivi de l'éducation des enfants.

Des outils sont proposés pour son application (voir le livre en question).

Stratégie d'apprentissage simultané adulte/enfants (système de vases communicant)

Elle vise les parents illettrés qui ont le désir de s'alphabétiser et leurs enfants scolarisés.

Une fois le niveau de base acquis en français ou dans une autre langue d'apprentissage de l'enfant, dans un centre d'apprentissage des adultes, le parent devrait être en mesure d'exploiter tout manuel d'apprentissage de l'enfant à bas âge (en classes inférieures). Grâce à son assiduité à domicile il échangera avec l'enfant ses pratiques en lecture, vocabulaire, orthographe, etc. Dans leurs échanges tantôt c'est l'enfant qui jouera le rôle de donateur (qui amène ce que le parent ne connaît pas), grâce au fait qu'il a beaucoup de temps pour apprendre, à l'école, à travers les maîtres et ses camarades, à la maison à travers ses leçons et exercices, tantôt c'est le parent qui jouera le rôle de donateur grâce à ses prérogatives d'adultes (rencontre avec ses pairs, radio, télé, voyage, etc.).

Parents et enfants peuvent se retrouver souvent dans la même salle de classe (en dehors des heures officielles), pour apprendre ensemble la lecture/écriture.

Ces échanges permettront à l'enfant et au parent d'être dans un processus d'apprentissage continu et de suivi de l'enfant par le parent. Le fait que l'enfant et son parent soient en apprentissage permanent et interactif aura un impact positif sur la réussite scolaire et sur l'alphabétisation des adultes.

Stratégie d'exploitation des compétences des filles migrantes en alphabétisation.

Les filles migrantes : celles qui quittent le milieu rural pour venir travailler généralement comme aides ménagères dans les villes, dans le but d'avoir de l'argent pour se procurer le trousseau de mariage ou satisfaire d'autres besoins et qui retournent dans leurs villages.

Grâce aux actions de certaines ONG, ces filles majoritairement analphabètes ont la possibilité de s'alphabétiser dans des centres conçus pour cela en ville.

En général dès qu'elles retournent au village, elles se marient et n'ont pas assez d'occasions pour améliorer leurs compétences apprises en ville, en alphabétisation et de les mettre au service de leurs sœurs qui n'ont pas eu l'opportunité d'aller en ville, de contribuer de façon générale à la lutte contre l'analphabétisme au sein de leurs communautés.

La stratégie consiste à recenser ces filles, à renforcer leurs compétences, à les former comme facilitatrices en alphabétisation et comme animatrices socio-économiques dans leurs localités.

(Stratégie décrite dans le livre « Association des mères d'élèves de Dibougou » écrit par Adama Traoré, publié par « L'harmattan » de la France en Juillet 2012).

Stratégie de capitalisation des acquis de l'alphabétisation

Les spécialistes en linguistique, les cadres œuvrant à la promotion des langues nationales, les chercheurs, les enseignants, les facilitateurs en alphabétisation, les apprenants, en langues nationales, seront chargés de documenter, en langues nationales, les connaissances dans divers domaines :

- les faits historiques : origine des villages, date de création, principaux évènements historiques, etc.
- l'environnement : problèmes de dégradation de l'environnement, déchets chimiques, plastiques et autres, techniques de conservation de la nature (classiques et modernes), sylviculture, techniques de lutte anti-aviaire et anti- acridienne, techniques de lutte anti-érosion, sources d'énergies (énergies fossiles, énergie solaire, énergie produite à partir de la biomasse), etc.
- apiculture : techniques traditionnelles et modernes de production du miel, vertus du miel,
- l'agriculture (culture de la terre et l'élevage) : techniques culturales, production animale, santé animale, etc.
- la pêche : protection des espèces, pisciculture, etc.
- le commerce : notions rudimentaires en comptabilité
- les us et coutumes : les cérémonies, les fêtes traditionnelles, les interdits, les habitudes alimentaires, les modes vestimentaires, etc.
- les arts : musique, danse, arts plastiques, les contes, les proverbes et adages, les poèmes, légendes, etc.
- l'artisanat : quelques métiers d'artisan : historique, avantages, difficultés, extraction du beurre de karité, saponification, les techniques de séchage/Conservation des fruits et légumes, viande et poisson, etc.
- santé : prévention du paludisme, du VIH/Sida, des maladies infantiles, des épidémies, santé de la reproduction, recherche sur les plantes médicinales, etc.
- l'éducation : la morale, l'éducation civique (citoyenneté, code de la route), lutte contre le tabac, la drogue l'alcoolisme, la prostitution, l'éducation religieuse, etc.

- l'instruction : la recherche des connaissances scientifiques, l'importance de l'alphabétisation, de la culture générale, etc.
- le fonctionnement de l'état : le pouvoir législatif, le pouvoir exécutif, le pouvoir judiciaire, la presse, etc.

Les documents écrits seront couramment utilisés dans les activités post-alphabétisation ainsi que dans les activités quotidiennes des néo-alphabètes.

Stratégie de revitalisation de l'alphabétisation

Dans cette stratégie il est envisagé l'alphabétisation systématique en langues nationales de tous les citoyens (y compris les cadres, tous les lettrés dans d'autres langues). L'alphabétisation des personnes déjà lettrées (alphabétisées) en langues nationales permettra d'avoir assez de ressources humaines pour faciliter celle des illettrés (analphabètes) qui constituent la grande majorité de la population.

Les autorités administratives et politiques veilleront à la mise en place des dispositions suivantes et à leur application :

-parler fréquemment de l'importance de l'alphabétisation à travers les discours,

-transcrire en langues nationales les discours et mettre les copies à la disposition des néo-alphabètes des milieux urbain et rural,

- utiliser les langues nationales sur les panneaux d'orientation, de publicité, les banderoles au cours des manifestations, sur les écriteaux devant les infrastructures/services,

-à l'occasion des missions des différents services dans les zones à fort taux d'analphabétisme, les responsables et les agents de base qui interviennent, quelque soit leur domaine d'intervention (santé, environnement, microcrédit, aménagement, administration, etc.), doivent aborder le thème de l'alphabétisation : rappeler son importance à travers des slogans, effectuer des visites dans les centres d'alphabétisation, leur faire de petits appuis matériels (attribution de cahiers, de bics, etc.), sensibiliser les populations à persévérer dans le combat contre ce fléau,

-prendre parmi les critères de dotation des villages en infrastructures/équipements, les initiatives prises par les communautés en matière d'alphabétisation : existence de centres d'alphabétisation opérationnels (ne serait ce qu'en abri provisoire),

-organiser des compétitions nationales et locales entre les apprenants en alphabétisation à l'issue desquelles des prix sont attribués aux plus méritants,

-faire la promotion des néo-alphabètes en leur facilitant l'accès à des postes de responsabilité au sein des communautés (facilitateurs en alphabétisation, animateurs socio-économiques, hygiénistes-secouristes, matrones, encadreurs agricoles, gérants de coopératives, d'organisations paysannes etc.)

-insérer l'alphabétisation dans les activités quotidiennes (application de la méthodologie « Walanda bilabali »), dans les milieux où le combat contre l'analphabétisme doit être acharné,

-inculquer aux adultes la nécessité de la lecture dans l'épanouissement individuel et celui de la nation (comme Nelson Mandela l'a souligné : « Une nation qui lit est une nation qui gagne ») et les inciter à en faire une pratique quotidienne,

-organiser des visites d'échanges dans les villages (localités) ayant fait du succès en alphabétisation,

-stimuler, soutenir la réalisation d'activités génératrices de revenus, en vue de contribuer à la prise en charge des frais liés à l'alphabétisation en milieu rural : culture de champs collectifs, élevage de petits ruminants, aviculture, petit commerce, etc.

-mettre en place une commission (composée d'hommes et de femmes) chargée de la promotion de l'alphabétisation dans chaque village (localité),
-revitaliser la célébration du 8 Septembre (journée internationale de l'alphabétisation) dans chaque localité du pays.

3-2 La capitalisation de certaines valeurs culturelles africaines et le développement de la recherche scientifique et technologique

Les relations violentes de l'Afrique avec l'occident, à travers la traite des esclaves et la colonisation, ont vite révélé aux africains la supériorité des occidentaux sur les plans scientifique et technologique, cela a créé le complexe d'infériorité chez la plupart des africains et les a amenés à renier ou à minimiser beaucoup de leurs valeurs culturelles. Ce fait est devenu un carcan pour bon nombre d'africains qui n'arrivent pas à s'en débarrasser, parmi lesquels des intellectuels ayant fait des études poussées en occident.

Il a des conséquences dramatiques sur l'épanouissement socioculturel et économique en Afrique.

Cas de complexe d'infériorité

La dépigmentation pratiquée de nos jours par les africaines et les africains en est une illustration draconienne. L'obsession de certaines personnes noires africaines à se donner un teint blanc les pousse à détruire leur peau naturelle et en se donnant des pathologies qu'elles sont obligées de traiter en dépensant leurs maigres ressources monétaires. Ce phénomène est l'un des fléaux contemporains qui sévissent en Afrique. Il est certes décrié par certaines personnalités, surtout les médecins. En prenant en compte le fait que ce sont surtout les femmes qui pratiquent la dépigmentation, nous pourrons peut être parler de MCF (Mutilation Cutanée de la Femme) : en dépigmentation il n'y a pas de mutilation dans le vrai sens du mot, il y a tout de même disparition progressive d'une partie de la peau. La MGF (Mutilation Génitale de la Femme) fait l'objet, de nos jours, de la mobilisation de ressources humaines et financières remarquables. Certes les deux phénomènes ne sévissent pas de la même manière. Mais vue l'ampleur de ses dégâts, la dépigmentation mérite plus d'attentions, plus d'actions en vue de son éradication. Si l'excision est une violence physique imposée par des adultes à de petites filles, la dépigmentation quant à elle se fait volontiers, le plus souvent mais se fait également sous des pressions ou influences directes ou indirectes. Des femmes ont été amenées à se dépigmenter parce qu'au cours de certaines rencontres (manifestations culturelles) elles n'ont pas eu la même considération que celles qui se sont éclaircies : elles n'ont pas eu droit aux places honorables et aux services qu'elles méritaient, elles ont été à la limite de l'humiliation, à cause du fait qu'elles ont gardé leurs teints noirs. D'autres femmes se sont vues obligées de se dépigmenter pour satisfaire le désir de leurs maris qui ne leur payent, pour l'entretien de leurs peaux que des produits cosmétiques éclaircissants. De même de jeunes filles (filles adoptives ou servantes) ont été entrainées dans cette déviation par leurs tutrices ou employeuses qui leur imposent des produits de toilette nuisibles. Certaines personnes tentent de minimiser le phénomène de la dépigmentation en arguant qu'elle est liée à la nature de l'homme (homme et femme) qui n'est jamais satisfait de ce qu'il possède : elles trouvent que si les noirs non satisfaits de la couleur de leur peau veulent se blanchir il y a aussi des blancs (occidentaux) qui se font bronzer. Cet argument ne tient pas compte du fait que les africaines ou africains blancs ne cherchent pas à se noircir.

Le phénomène de la dépigmentation en Afrique s'explique par le complexe d'infériorité. Puisque c'est « l'homme blanc qui est puissant », qui « détient le savoir », qui « possède les plus importants biens matériels », le blanc a une culture, il est civilisé. L'homme noir n'a pas à manger, il est mal habillé, mal logé, il lui manque tout, c'est un « sauvage », il faut qu'il change de condition, qu'il devienne comme l'homme blanc, il faut qu'il l'imite

dans tout ce qu'il fait. Pour s'identifier à l'homme blanc, il faut que l'homme noir prenne la couleur de sa peau.
Le même complexe pousse certains africains à acheter des produits ou des matériels fabriqués en Occident, dans des conditions onéreuses alors que leurs équivalents sont produits en Afrique à moindre coût. Par exemple, pour meubler leurs salons certaines personnalités africaines importent des fauteuils de l'Europe, alors que les meubles de ce genre fabriqués par nos artisans inondent nos marchés.

La paresse intellectuelle

Le penchant de l'africain à s'ébahir devant les nouveautés venant de l'Occident et à chercher à en acquérir coûte que coûte crée chez lui la paresse intellectuelle, c'est un frein à la recherche, à la créativité.
A titre d'exemple, l'arrivée du téléphone cellulaire en Afrique, qui a fait tabac. Au départ c'était quelques grandes personnalités qui pouvaient s'en procurer à des prix exorbitants. Ceux-ci les exhibaient très fièrement et s'en exultaient, ils ont fait l'objet d'adulation de la part de leurs compatriotes qui n'avaient pas la « chance » de posséder un tel objet valeureux.
Devant une telle innovation la plupart des africains ne cherchent pas à comprendre comment l'appareil a été fabriqué en vue d'en produire, comme cela se fait en Chine. Contrairement aux chinois les africains en s'émerveillant se contentent de dire « Que le blanc a travaillé ! », puis disent à haute voix qu'ils vont en acheter un jour, s'il plait à Dieu, ou projettent cela dans leur for intérieur.

Des valeurs culturelles africaines à exploiter

Malgré l'occidentalisation des sociétés africaines il y a des valeurs culturelles africaines qui subsistent et qui méritent d'être renforcées, exploitées par les africains.
Sur ce plan nous pouvons citer :

-la solidarité, l'entraide et le « collectivisme africain ».
La solidarité et l'entraide ont des effets très positifs dans le renforcement des relations sociales et dans le développement économique, dans les milieux où elles sont encore fortement implantées.
En cas d'évènements sociaux malheureux (morts, accidents) les personnes touchées sont vite assistées par l'ensemble de la collectivité.
Certaines activités sociales et économiques qui suscitent des ressources humaines, et financières sont réalisées gratuitement ou à moindre coût grâce à l'entraide : la construction d'habitats, la réalisation de certains travaux agricoles (individuels ou collectifs), la mise en place d'infrastructures collectives, etc.
-les pratiques traditionnelles telles que le cousinage à plaisanterie, le « cotèba » (théâtre traditionnel) permettent de mettre fin aux mésententes entre individus, aux conflits intracommunautaires et intercommunautaires, de faire régner la coexistence pacifique, la paix,
Le lavage de cerveau, sensibilisation et éducation
Il y a lieu de mettre en place, dans tous les pays africains et d'exécuter un véritable programme de lavage de cerveau, d'information, de sensibilisation et d'éducation des populations sur l'importance des valeurs culturelles africaines.
Pour ce faire il faut enseigner aux africains (hommes, femmes, jeunes et vieux) leur véritable histoire, mettre en exergue ses aspects glorieux.
L'histoire africaine est certes enseignée dans nos écoles, dans nos universités, il y a lieu de mieux organiser cet enseignement : l'adapter à tous les niveaux (élèves, étudiants, néo-alphabètes, cadres, analphabètes), le rendre plus accessible (à travers des supports en copies dures, électroniques, sonores), le consacrer plus de temps.

Il faut bannir à jamais des esprits les stéréotypes comme « le noir ne sait même pas fabriquer une aiguille à coudre ».
Pour ceux qui nourrissent encore de telles idées fausses il faut leur révéler la quintessence des œuvres des érudits africains et négro-africains ayant disparu comme Cheick Anta Diop, Franz Fanon et de ceux qui vivent comme le malien Cheick Modibo Diarra qui a travaillé à la Nasa.
Ils doivent apprendre que beaucoup de scientifiques émérites africains travaillent dans de grands laboratoires, de grands centres de recherches en Occident.
Il faut leur élucider la pensée suivante : « Le blanc s'était trompé, je n'étais pas un primitif, pas davantage un demi-homme, j'appartenais à une race qui, il y a de cela deux mille ans, travaillait déjà l'or et l'argent » (Franz Fanon).
Les noirs (d'Afrique et d'ailleurs) doivent apprendre l'histoire des grands empires africains comme celui du Madingue, dont le fondateur Soundiata Keita et d'autres leaders ont, au début du XIIIe siècle, en assemblée, proclamé à Kouroukan Fouga la « Charte du Mandén nouveau », qui est l'une des plus anciennes constitutions au monde. Cette charte prône notamment la paix sociale dans la diversité, l'inviolabilité de la personne humaine, l'éducation, l'intégrité de la patrie, la sécurité alimentaire, l'abolition de l'esclavage par razzia, la liberté.

Le développement des recherches scientifiques et technologiques

Le constat général est qu'en Afrique il y a plus de littéraires que de scientifiques.
Il y a lieu d'encourager les élèves dès le bas âge, à s'orienter dans les branches scientifiques. Cela nécessite la satisfaction de certaines conditions : la sensibilisation des parents (afin qu'ils soutiennent particulièrement les enfants dans l'apprentissage des matières scientifiques), le

renforcement des compétences des enseignants dans les matières scientifiques, la mise à disposition de documents de sciences et de blocs scientifiques bien équipés (laboratoires scolaires), l'installation de bibliothèques connectées sur internet, la multiplication des expérimentations. Les états africains doivent négocier avec les grandes puissances, une véritable stratégie de développement de la recherche scientifique et technologique en Afrique. Cela peut consister : à faciliter l'accès des universités scientifiques des pays développés aux étudiants africains, celui de leurs laboratoires et centres de recherche aux chercheurs africains, à mettre en place en Afrique de grands laboratoires et des centres de recherche. Cela a bien sûr un coût mais le sous-sol africain recèle d'importantes ressources minières qui pourraient être exploitées à bon escient dans ce domaine, au lieu d'être dilapidées dans l'achat d'armements utilisés dans les conflits fratricides.

Le développement de la recherche ne se fera pas sans celui de l'électricité, c'est pourquoi il y a lieu de développer en Afrique les deux plus importantes sources naturelles d'électricité qui sont l'eau du fleuve et le soleil. Il y a déjà dans le continent des infrastructures hydro-électriques mais les longs fleuves africains constituent encore d'énormes potentialités à exploiter. Quant à l'énergie solaire, son exploitation reste toujours à sa phase embryonnaire, ce qui est très paradoxale dans la mesure où le soleil constitue la plus importante source d'énergie renouvelable, la plus répandue en Afrique. Un grand projet d'installation de gigantesques panneaux solaires dans le désert africain, afin de transporter de l'électricité solaire en Europe, est en cours d'étude. Si un tel projet se réalise, il sera inconcevable que l'Afrique reste à la traîne.

3-3 Actions d'assainissement de l'environnement et de protection de l'écosystème

3-3-1Gestion des déchets domestiques

Dans des villes africaines, des tonnes d'ordures ménagères s'amoncèlent quotidiennement pour devenir de petites montagnes à proximité des habitats, elles constituent de véritables calvaires pour les autorités qui n'arrivent pas à les faire évacuer.

Ce phénomène crée une pollution inédite de l'environnement avec dégagement de chaleur et d'odeur fétide. En persistant il aura de graves conséquences sur la santé des populations.

Il est donc urgent que chaque citoyen se mobilise au côté des autorités en vue de l'endiguer.

Pour contribuer au combat contre ce fléau deux propositions sont ici faites :

-achat de camions bennes en nombre suffisant : en réduisant les défenses futiles de nos états (achat de voitures trop coûteuses, construction de bâtiments de service et leur équipement dans des styles trop bourgeois, gaspillage de carburant, etc.), on pourrait acheter assez de camions bennes pour ramasser ces ordures, soit aller les verser directement dans les champs en milieux périurbains où l'agriculture se pratique, en vue de servir de fumures organiques, soit les acheminer dans des unités de transformation où elles seront transformées en engrais et livrées aux agriculteurs,

-contraindre d'une manière indirecte les propriétaires de camions : chaque propriétaire de camions à carrosserie ou de camions bennes, pour l'obtention de certaines pièces administratives pour (les engins) doit transporter au moins une fois par mois une cargaison d'ordures pour aller la jeter hors de la ville. Un certificat leur sera délivré à cet effet par des autorités chargées du contrôle de l'opération.

3-3-2Protection de l'écosystème

Le déboisement dans les pays du sahel est un phénomène dont les conséquences ne se font pas attendre : déficit pluviométrique récurrent, assèchement des cours d'eau, appauvrissement de la nappe phréatique, déséquilibre de l'écosystème (disparition d'espèces d'animaux et d'insectes, raréfaction des ressources halieutiques, etc.)
Parmi ses multiples causes, nous pouvons citer : l'aménagement de terres cultivables en zones agricoles, l'élevage, l'expansion des villages et des villes, la construction de voies (pistes) de communication, la consommation domestique (bois de chauffe, charbon), etc.
La dernière cause (consommation domestique de bois) citée est particulièrement préoccupante dans la mesure où elle a lieu quotidiennement : des milieux de tonnes de bois et de charbon quittent chaque jour les zones rurales pour les grandes villes. De mois en mois les sources de ravitaillement s'éloignent, les superficies déboisées s'agrandissent.
Les populations rurales qui font de la coupe de bois et de sa vente une activité de survie quotidienne ont des comportements que l'on peut qualifier de sadiques. Elles ne se gênent plus à abattre les arbres tout frais et n'épargnent aucune espèce même celles qui sont traditionnellement protégées comme le karité, le néré, le tamarinier, etc. Dans le passé un tel acte était inimaginable.
Un jour, dans un village, un agent de base a été témoin de la scène suivante exprimant du sadisme comme précédemment cité: au cœur du village un grand karité bien vivant (arbre de la zone soudano-sahélienne) a été abattu en vue d'être brûlé pour en faire du charbon. En voyant ce spectacle sinistre, l'agent dans la stupéfaction et l'écœurement, demanda des explications à la première personne du village qu'il a rencontrée : une dame. Sa

surprise et son indignation furent à leur comble quand la femme justifia l'action en ces termes : « Nous avons demandé l'autorisation avec les agents du service forestier ». Ces propos pourraient être assimilables à ceux d'un assassin pris en flagrant délit qui dira qu'il a eu l'autorisation de la police pour commettre son forfait.
Il est une impérieuse nécessité, pour nos hauts responsables, de mener des actions efficaces en vue de la protection, de la conservation du peu de ressources ligneuses qu'il nous reste, de veiller au reboisement de nos vastes superficies qui ont été défrichées.
Les actions urgentes à mener dans ce domaine seront :

3-3-3La sensibilisation et la mobilisation des populations

Les populations rurales étant celles qui vivent dans les zones où la végétation est exubérante et celles qui en sont les premières exploitantes, il faut leur sensibilisation sur les dangers de la déforestation et leur forte implication dans tout projet de conservation et de restauration de la forêt.
Pour ce faire les stratégies suivantes sont envisageables :
En milieu rural.
-L'autocritique : amener les communautés rurales, au cours d'entretiens, d'assemblées générales à faire un rappel historique de l'état végétatif de leur environnement, à décrire son état actuel, et à faire ressortir les responsabilités de l'homme dans la déforestation.
Après leurs interventions un spécialiste ou un animateur bien informé pourra leur évoquer quelques liens de la déforestation avec le déséquilibre de l'écosystème dans leur environnement immédiat ainsi qu'à l'échelle planétaire.

-Rappel des méthodes ou pratiques traditionnelles de protection, de conservation de la forêt : les populations puiseront dans leur passé les anciennes pratiques en la matière telles que la constitution de « bois sacrés », la mise en défens de certaines superficies pendant quelques années, la mise des champs de culture en jachère, l'interdiction absolue de couper certaines espèces végétales quelque soit la zone où elles poussent, etc.

-Le choix des pratiques traditionnelles adaptables aux conditions de vie actuelles et leur application.

-L'adoption de nouvelles mesures de protection, de conservation et de restauration de la forêt qui peuvent être par exemples :

-adopter des techniques de bonification des terres de culture (utilisation de fumures organiques) afin d'éviter le défrichage,

-réduire le nombre de têtes de bétail d'élevage, en multipliant les ventes, dans les zones où les animaux consomment beaucoup de feuilles d'arbres.

-les personnes qui coupent les arbres dont la coupe n'est pas interdite, à des fins commerciales ou pour faire des champs doivent en planter,

-à l'occasion des évènements sociaux comme le mariage, le baptême, la circoncision, des arbres seront plantés,

-celui qui plante un arbre et qui ne l'entretient pas sera sanctionné (sanctions fixées par le conseil de village),

-mise en place d'une brigade locale chargée du suivi de la mise en œuvre des mesures.

En milieu rural et en ville

L'adoption de nouvelles sources d'énergie : afin de diminuer la consommation domestique du bois et du charbon comme source d'énergie, de nouvelles sources d'énergies seront vulgarisées. Elles pourront être : le gaz butane, l'énergie biomasse, l'énergie solaire.

Au niveau étatique

-Faciliter les conditions d'utilisation du gaz butane (subvention).
-Renforcer le partenariat avec les grandes puissances dans les recherches scientifiques et technologiques en sources d'énergie, vulgariser l'utilisation de l'énergie solaire et l'énergie biomasse afin de diminuer la consommation domestique du bois et du charbon comme source d'énergie.
-Soutenir les commerçants de bois et de charbon en ville à abandonner ce commerce, pour mener d'autres activités génératrices de revenus.
-Encourager les cultivateurs à éviter la préparation constante de nouveaux champs à travers le défrichement, en leur facilitant l'accès aux engrais organiques.
-Contraindre les éleveurs à réduire la taille de leurs troupeaux pour éviter la surexploitation des feuilles d'arbres.
-Aider les vendeurs de bois et de charbon en milieu rural à abandonner cette pratique en les convertissant en pépiniéristes qui produiront des plants à vendre pour le reboisement des superficies défrichées.
-Adopter une politique nationale vigoureuse de règlementation de la coupe de bois et de reboisement (exiger la constitution de bosquets collectifs aux environs de chaque ville et village).
-Veiller à la multiplication d'infrastructures hydrauliques afin de faciliter l'entretien des arbres plantés : barrage de rétention d'eau, système de récupération et de conservation d'eau de pluie à partir des toits des maisons, puits à grand diamètre, forages munis de pompes manuelles ou de panneaux solaires.

3-4 Développement d'activités économiques

3-4-1 L'agriculture (culture de la terre)

L'économie des pays africains étant essentiellement basée sur les activités agricoles, beaucoup de ressources (humaines, matérielles et financières) sont mobilisées pour le développement de ce secteur cependant l'autosuffisance alimentaire est loin d'être acquise en Afrique, alors que le continent recèle des potentialités non exploitées ou peu exploitées pouvant permettre d'atteindre cet objectif.

Il est vrai que les déficits pluviométriques sont récurrents dans les pays africains, surtout ceux du Sahel. Mais il y a également des années où le volume d'eau mesuré dépasse la moyenne mais les pluies s'arrêtent de façon précoce, ce sont des cas de mauvaise répartition des pluies dans le temps : souvent, au cours d'un seul mois une quantité de pluie équivalente à celle de toute une saison pluvieuse (5 à 6 mois) tombe, des inondations avec des dégâts s'en suivent, après les pluies s'arrêtent brusquement. Quelques mois après toutes les eaux issues de ces pluies diluviennes s'évaporent sans que les êtres vivants (hommes, animaux et végétaux) puissent en profiter assez.

Dans les deux cas les rendements agricoles sont affectés, avec comme conséquences des crises alimentaires. Mais en faisant une exploitation optimale des quantités de pluie tombées (que ce soit en année de déficit ou de mauvaise répartition pluviométrique), à travers des techniques de conservation d'eau de pluie (aménagement de mare artificielle, système de récupération et de conservation d'eau de pluie à partir des toits des maisons, etc.), il est possible d'assurer la survie des populations, en faisant du maraîchage, en attendant l'arrivée de bonnes saisons pluvieuses.

Un jour un Chinois immigré au Mali s'est dit surpris de voir des plants de maïs sécher dans un champ à quelques

mètres du fleuve Niger, lui il s'est demandé pourquoi le propriétaire du champ n'arrosait pas ses plants avec l'eau fluviale alors que ce dernier attendait tout bonnement l'eau pluviale qui s'était arrêtée de façon précoce.
Cette anecdote nous rappelle que tout comme le cas de l'eau pluviale, les immenses potentialités qu'offrent les cours d'eau africains ne sont pas exploitées à suffisance.
Il est effectivement fréquent de remarquer des villages de cultivateurs riverains de longs cours d'eau qui croupissent sous les conséquences dramatiques des mauvaises pluviométries alors que l'eau dort à côté d'eux dans le fleuve.
L'eau souterraine est aussi une richesse naturelle permettant de pratiquer et de développer l'agriculture. L'énergie produite à partir des panneaux solaires pour faire remonter l'eau des forages, pour arroser des cultures serait un apport substantiel dans ce domaine.

3-4-2 L'élevage et la pisciculture.

L'élevage est une activité économique aussi mal exploitée dans certains pays africains. Il y a sur le continent des ethnies spécialisées en élevage dont certains membres possèdent de nombreux troupeaux dont la valeur estimée fait un véritable pactole, qui passent toute leur vie à faire le pasteur et qui sont paradoxalement très pauvres : ils n'ont pas de logis, ne sont pas bien habillés, ne mangent pas bien, ne peuvent pas se traiter en cas de maladie. Leur seul plaisir réside dans le fait d'être propriétaires des bêtes. Plaisir souvent altéré par les sécheresses et les épizooties qui déciment leurs troupeaux. C'est pour cette raison que des gens d'une autre ethnie attachée au travail de la terre (paysans) trouvent que : « le bétail n'est qu'une richesse vermoulue » (une richesse attaquée par les vers, signe de la mort).

On constate aisément qu'une telle pratique d'élevage n'est pas rentable pour un pays.
Il serait judicieux de réduire le nombre de troupeaux dans certaines localités pour non seulement éviter la déforestation (comme cela a été évoqué plus haut), mais aussi pour avoir des fonds pour mener d'autres activités : la vente d'une partie du bétail permettra la création d'entreprises.
Ces dernières années le poulet et le poisson frais (surtout celui du fleuve) sont devenus trop chers dans les villes, seules les familles aisées peuvent se payer le luxe de les consommer en dehors des jours de fête.
Ils se font rares dans les localités rurales, cela est une cause du déséquilibre alimentaire, de la malnutrition, surtout chez les enfants.
L'aviculture et la cuniculture sont deux formes d'élevage moins coûteuses et moins destructives de l'environnement qui peuvent contribuer non seulement à améliorer l'alimentation mais également les revenus monétaires.
L'aviculture moderne (cas des poulets) est surtout pratiquée dans les zones périurbaines, elle demande assez de moyens (poulailler moderne, alimentions spéciales, suivi sanitaire rigoureux).
L'aviculture améliorée qui consiste à faire un croisement entre une poule de race locale et un coq de race moderne et améliorer un peu le poulailler traditionnel, est moins coûteuse, s'adapte aux milieux ruraux.
Quant à la cuniculture elle peut être facilement menée dans les zones périurbaines où le maraîchage est pratiqué et en milieu rural. Son avantage est que le lapin se reproduit plus vite que les autres animaux d'élevage domestiques et il est facile à nourrir. Avec les changements climatiques les ressources halieutiques naturelles se faisant de plus en plus rares, la pisciculture

faite à partir des étangs piscicoles est une alternative pour la production de poisson.
Les pisciculteurs ayant de gros moyens peuvent aménager des étangs artificiels pour y élever des alevins.
Il a été testé, dans le cadre d'un projet, l'utilisation des marigots remplis d'eau de pluie pendant l'hivernage, comme étangs piscicoles en milieu rural, les résultats ont été satisfaisants. Cela ne demande pas assez d'investissement, il faut surtout veiller à mettre un grillage afin d'empêcher les alevins de s'échapper en cas de débordement d'eau. Cela est à la portée de ceux qui n'ont pas assez de moyens.
Avec la faisabilité d'un tel système il est inconcevable qu'il y ait pénurie de poisson pendant l'hivernage dans les zones rurales où il pleut assez.

3-4-3 Valorisation des produits locaux

La transformation de certains produits de notre agriculture ou de cueillette à partir d'arbres sauvages peut être à l'origine de la mise en place d'unités de transformation, par conséquent de la création d'emplois.
Nous pouvons citer :
-le coton : confection de tissus traditionnels. L'expérience faite dans ce domaine au Burkina Faso a connu un succès international. Les autres pays africains doivent lui emboîter le pas.
-le maïs et le sorgho : le premier, mélangé à de la farine de blé, sert à faire du pain.
Cela a l'avantage de diminuer notre dépendance de l'extérieur dans l'approvisionnement en blé.
Le second sert à la fabrique de biscuits (expérience faite par l'institut d'économie rurale du Mali).
-les fruits produits dans les vergers et les champs : mangues, agrumes, ananas, oseille, etc. les produits

sauvages : zaban, tamarin, raisin sauvage, karité, pain de singe, etc. Qui servent à la fabrication de boissons et de confitures.

NB : dans les actions de reboisement la plantation d'arbres fruitiers sauvages sera prise en compte.

3-4-4 Politique de diversification des produits vivriers et des sources de revenus en milieu rural

Il y a des zones rurales où les populations vivent essentiellement, sur place, d'une seule activité économique qui est en général, soit la culture, l'élevage, ou la pêche.

Dès que les aléas climatiques font que cette activité ne marche pas, la survie devient difficile dans la zone et la voie à l'exode est ouverte.

Pour prévenir les catastrophes fatales aux activités économiques, apaiser les peines en cas de mauvaise surprise, les autorités doivent appuyer ces populations à diversifier leurs produits vivriers et leurs sources de revenus, en menant à la fois plusieurs activités, par exemples :

-En culture : dans les zones où les cultures exondées sont pratiquées envisager de faire des aménagements pour les cultures inondées, si les conditions naturelles en sont favorables (s'il y a assez d'espace pour cela), et vice versa (pour les zones inondées), faire du maraîchage.

Il faut diversifier les variétés à cultiver.

Toutes les sources d'eau : pluies, cours d'eau, eaux souterraines, sont à exploiter pour alimenter les cultures.

➲ En élevage et en pêche : élever les gros bétails en même temps que les petits, faire l'aviculture et la cuniculture, pêcher sur les cours d'eau, pratiquer la pisciculture.

- Arboriculture et apiculture : varier les espèces en plantant les arbres domestiques et sauvages, fruitiers et non fruitiers, pratiquer l'apiculture.
- Pratiquer le petit commerce et l'artisanat.

Table des matières

L'Afrique

aux éditions L'Harmattan

Dernières parutions

RESPONSABLE OU COUPABLE
L'Afrique doit choisir
Kouassi Appiah
La liberté et la démocratie ne sont-elles pas les ingrédients de base d'un progrès et d'un développement ? Pourquoi l'Afrique ne veut-elle pas en user pour avancer ? Personne ne viendra développer l'Afrique à sa place et tout ce qui est fait par l'extérieur dans ce sens n'est qu'un piège dans lequel elle est tombée. Même s'il faut y perdre une vie, il faut à l'Afrique se libérer de son complexe d'incapacité et apporter sa contribution au monde.
(Harmattan Côte d'Ivoire, 12.50 euros, 104 p.)
ISBN : 978-2-336-30574-5, ISBN EBOOK : 978-2-336-35579-5

AFRIQUE (L') DANS LE MONDE CONTEMPORAIN
Entre émancipation, néocolonialisme et recolonisation
Sous la direction de Tsala Tsala Christian C.
Préface de Khalid Chegraoui ; Postface de Jèrôme Mebara Nomo et M'hammed Echkoundi
Au lieu de saisir l'opportunité historique qui se présente à elle, l'Afrique montre une image de «républiquettes» en attente de recolonisation, une image de dépouillement. Les Asiatiques et les Latino-Américains viennent y parachever la spoliation initiée par les Occidentaux. Ce livre dénonce une coopération aux allures d'un marché de dupes, où le subordonné n'est autre que l'Afrique.
(Harmattan Cameroun, 30.00 euros, 292 p.)
ISBN : 978-2-343-03611-3, ISBN EBOOK : 978-2-336-35375-3

TYRANNIE (LA) DU DÉVELOPPEMENT
Déconstruction d'un mythe...
Sall Macky Idy
Les pesanteurs du continent africain et les tares de ses dirigeants sont toutes passées en revue et dénoncées dans cet ouvrage. Parmi elles, leur refus de s'émanciper et de se libérer de l'asservissement du Nord. Or derrière la question du développement se cache tout un système de prédation et l'Afrique a plus que jamais besoin d'opérer des ruptures tant au niveau de ses relations avec les autres parties de la planète qu'en son sein, en s'appuyant d'abord sur ses valeurs culturelles et endogènes.
(13.50 euros, 124 p.)
ISBN : 978-2-343-03270-2, ISBN EBOOK : 978-2-336-35354-8

VAINCRE LA CORRUPTION EN AFRIQUE
La solution patrimoniale
Salouo Armand
Comment rendre la lutte contre la corruption plus efficace dans les pays africains ? En prenant le cas du Cameroun pour illustration, l'auteur constate l'impasse des stratégies de lutte contre la corruption, traditionnellement basées sur la traque préventive ou répressive, à l'instar de la célèbre «Opération Épervier». Sa Solution patrimoniale vise à mettre un terme à cette patrimonialisation illégitime des ressources publiques.
(Coll. Points de vue, 20.00 euros, 200 p.)
ISBN : 978-2-343-04085-1, ISBN EBOOK : 978-2-336-35414-9

MIGRANTS (LES) ET L'INVESTISSEMENT EN AFRIQUE
Sous la direction de Sumata Claude
L'image négative de l'immigration est battue en brèche car les migrants constituent désormais des agents de codéveloppement. Ils peuvent accumuler des ressources dont l'apport pour leur pays d'origine est considérable. Cet ouvrage analyse le phénomène de la migration sous l'angle de l'entrepreneuriat et de l'investissement pour permettre de voir comment cela peut stimuler les activités économiques et réduire la pauvreté.
(Coll. Sociétés africaines et diaspora, 20.00 euros, 208 p.)
ISBN : 978-2-343-02921-4, ISBN EBOOK : 978-2-336-35477-4

DROIT DES ORGANISATIONS D'INTÉGRATION ÉCONOMIQUE EN AFRIQUE (CEDEAO - CEMAC - UEMOA - ZMAO)
Zogbelemou Togba
Face à l'échec des regroupements politiques d'Etat des années 60 et l'essoufflement de l'État providence dans les années 70, certains États se sont orientés vers la coopération économique avec la création de la CEDEAO, puis l'UEMOA et la CEMAC. Pour atteindre leurs objectifs d'intégration, impliquant certains abandons de souveraineté, ces communautés ont mis en place des organes de gestion, des institutions de contrôle et des institutions à vocation monétaire et financière.
(Coll. Études africaines, 37.50 euros, 372 p.)
ISBN : 978-2-343-03028-9, ISBN EBOOK : 978-2-336-35382-1

RECONSTRUIRE L'AFRIQUE
Nouvelle gouvernance et projet de développement
Amedzro St-Hilaire Walter
Sous quelles formes le projet de développement de l'Afrique doit-il se matérialiser et combien de temps faudra-t-il aux Africains pour changer leur continent ? Ils devront se préparer aux enjeux de la démographie, et à des réformes institutionnelles et économiques. Les propositions relatives à l'établissement de nouvelles perspectives financières, à la rigueur budgétaire, au sens de la responsabilité, à l'amélioration de la gouvernance et au retour à la dignité, visent à définir un cadre approprié à la reconstruction africaine.
(Coll. L'Esprit Économique, série Le Monde en Questions, 27.00 euros, 280 p.)
ISBN : 978-2-343-03877-3, ISBN EBOOK : 978-2-336-35465-1

POLITIQUES ENVIRONNEMENTALES : TRADITIONS ET COUTUMES EN AFRIQUE NOIRE

Sanou Doti Bruno

L'auteur interroge la contribution des traditions et coutumes dans la mise en œuvre des politiques environnementales en Afrique. Il mobilise toutes les sciences humaines pour faire comprendre l'importante richesse que proposent les traditions et coutumes dans la préservation et l'aménagement de ces énormes puits de carbone que constituent les forêts. Selon lui, seul le dialogue entre les disciplines scientifiques et les cultures peut contribuer à l'émergence d'un nouveau monde.

(26.00 euros, 254 p.)

ISBN : 978-2-343-04246-6, ISBN EBOOK : 978-2-336-35475-0

COMMENT GÉRER SA SEXUALITÉ

S'abstenir jusqu'au mariage

Okoronkwo Stella

Inondés de partout par les médias et l'audiovisuel, les jeunes ne peuvent s'empêcher de banaliser le sexe, ce qui, en définitive, les dessert fortement tant au plan physiologique que spirituel. Ramassant tous les revers liés au sexe, l'auteur fait de ce livre un ensemble de préceptes agréable à lire.

(Coll. Harmattan Côte-d'Ivoire, 12.00 euros, 96 p.)

ISBN : 978-2-343-03849-0, ISBN EBOOK : 978-2-336-35561-0

FIGURE (LA) DU PÈRE EN AFRIQUE

Lieu anthropologique d'une ecclésiologie

Avocan Célestin Coomlan

La figure du père a longtemps servi, dans la famille, de clé d'interprétation à un ensemble de situations prévalant sur le continent africain. Ces derniers temps, d'autres visions anthropologiques ont surgi, ne facilitant l'identification ni de la paternité, ni de la maternité. Cet ouvrage prend acte de la nouvelle complexité et inventorie la pluralité des visages du père dans la culture africaine, sans négliger la culture occidentale, le rôle de l'Église catholique et la notion « Famille de Dieu ».

(Harmattan Italia, Coll. Harmattan Italia, 13.50 euros, 76 p.)

ISBN : 978-2-336-30701-5, ISBN EBOOK : 978-2-336-35339-5

EXPOSITION (L') POSTCOLONIALE

Musées et zoos en Afrique de l'Ouest (Niger, Mali, Burkina Faso)

Bondaz Julien

En Afrique de l'Ouest, les musées et les parcs zoologiques ont été créés pendant la période coloniale. Ils constituent des terroirs ethnographiques particulièrement féconds, travaillés par de nombreuses transformations postcoloniales. Confrontés à la vue d'un objet rituel présenté comme une oeuvre d'art ou d'un animal sauvage en cage, les visiteurs locaux inventent de nouveaux rapports aux collections muséales entre enjeux de mémoire et logique rituelle. Quelles sont les manières qu'ont les hommes d'interagir avec les fétiches, les œuvres d'art, les animaux et les dieux ?

(Coll. Connaissance des hommes, 33.00 euros, 352 p.)

ISBN : 978-2-343-04032-5, ISBN EBOOK : 978-2-336-35474-3

MUSIQUE TRADITIONNELLE ET CIVILISATION ORALE CHEZ LES MANDING

Dabo Sadibou

En parlant de musique traditionnelle manding, nous avons privilégié celle qui s'est exprimée au Mali, en République de Guinée, en Gambie, Guinée-Bissau et au Sénégal. Loin d'appartenir au passé, cette musique traditionnelle demeure vivante et s'adapte au contexte actuel, marqué par le recul des valeurs communautaires et le renforcement de l'individualisme dans le cadre d'un monde globalisé.

(12.00 euros, 112 p.)

ISBN : 978-2-296-99872-8, ISBN EBOOK : 978-2-336-35426-2

DE L'ORIGINE DES FULBÉS (PEULS) À L'EMPIRE SATIGUI (DENIYANKÉ)

Ba Ibrahima Mamadou

Peu de populations africaines ont fait couler autant d'encre que les Peuls, ce peuple pasteur nomade qui conduit ses troupeaux à travers toute l'Afrique, pour la raison majeure qu'ils n'ont jamais été considérés comme des autochtones de l'Ouest africain et qu'ils posent un problème ethnocentrique, jusqu'ici non résolu de façon satisfaisante. Incontestablement supérieure, la population peule a fait subir son influence aux populations noires. Nombre de peuplades métissées se forment grâce au mélange de ces deux populations.

(12.50 euros, 116 p.)

ISBN : 978-2-336-30480-9, ISBN EBOOK : 978-2-336-35567-2

CROISSANCE AFRICAINE : Y CROIRE ET S'IMPATIENTER
15 clés pour comprendre les défis du continent

Heuraux Christine
Préface d'Abdou Diouf

Voici explorées les grandes thématiques qui façonnent la croissance et le développement du continent africain : ses richesses - démographiques, naturelles, agricoles et minières - ; ses faiblesses - infrastructures de transport, accès à l'eau et à l'énergie, système financier, éducation, formation ; les atouts et promesses de ses échanges commerciaux - avec le reste du monde et intra-africains.

(45.00 euros, 566 p.)

ISBN : 978-2-343-03840-7, ISBN EBOOK : 978-2-336-35250-3

SUR LE CHEMIN DU DÉVELOPPEMENT DE L'AFRIQUE

Remondo Max

L'Afrique a la possibilité de se développer, mais il existe chez les deux acteurs normalement déterminants dans cette entreprise complexe des handicaps qui l'empêchent d'y parvenir. Pour l'Africain, ce sont des traits de culture inhibiteurs. Pour l'État postcolonial, c'est l'absence ou l'insuffisance des conditions fondamentales de développement.

(Coll. Études africaines, 22.50 euros, 217 p.)

ISBN : 978-2-343-03321-1, ISBN EBOOK : 978-2-336-35279-4

L'HARMATTAN ITALIA
Via Degli Artisti 15; 10124 Torino

L'HARMATTAN HONGRIE
Könyvesbolt ; Kossuth L. u. 14-16
1053 Budapest

L'HARMATTAN KINSHASA
185, avenue Nyangwe
Commune de Lingwala
Kinshasa, R.D. Congo
(00243) 998697603 ou (00243) 999229662

L'HARMATTAN CONGO
67, av. E. P. Lumumba
Bât. – Congo Pharmacie (Bib. Nat.)
BP2874 Brazzaville
harmattan.congo@yahoo.fr

L'HARMATTAN GUINÉE
Almamya Rue KA 028, en face du restaurant Le Cèdre
OKB agency BP 3470 Conakry
(00224) 60 20 85 08
harmattanguinee@yahoo.fr

L'HARMATTAN CAMEROUN
BP 11486
Face à la SNI, immeuble Don Bosco
Yaoundé
(00237) 99 76 61 66
harmattancam@yahoo.fr

L'HARMATTAN CÔTE D'IVOIRE
Résidence Karl / cité des arts
Abidjan-Cocody 03 BP 1588 Abidjan 03
(00225) 05 77 87 31
etien_nda@yahoo.fr

L'HARMATTAN MAURITANIE
Espace El Kettab du livre francophone
N° 472 avenue du Palais des Congrès
BP 316 Nouakchott
(00222) 63 25 980

L'HARMATTAN SÉNÉGAL
10 VDN en face Mermoz, après le pont de Fann
BP 45034 Dakar Fann
33 825 98 58 / 33 860 9858
senharmattan@gmail.com / senlibraire@gmail.com
www.harmattansenegal.com

L'HARMATTAN BÉNIN
ISOR-BENIN
01 BP 359 COTONOU-RP
Quartier Gbèdjromèdé,
Rue Agbélenco, Lot 1247 I
Tél : 00 229 21 32 53 79
christian_dablaka123@yahoo.fr

Achevé d'imprimer par Corlet Numérique - 14110 Condé-sur-Noireau
N° d'Imprimeur : 113412 - Dépôt légal : novembre 2014 - *Imprimé en France*

www.ingramcontent.com/pod-product-compliance
Lightning Source LLC
LaVergne TN
LVHW051405061026
849535LV00009B/3374